I0437624

Les relations du 21ème siècle

Kath Beaufort

Table des matières

REMERCIEMENTS

Je voudrais remercier toutes les personnes qui m'ont aidées à écrire ce livre en m'apportant leurs idées, mes partenaires de plusieurs années ou d'un soir, les écrivains qui m'ont permis de comprendre les choses au fil des années, et surtout ma voisine Céline sans laquelle l'idée de ce livre ne me serait même pas venue. Elle m'a apporté la confiance et l'estime dans mon écriture.

Introduction

L'idée de ce livre m'est venue lors d'une conversation avec une amie qui souffrait de culpabilité « aiguë » alors qu'elle était incapable de terminer une relation pourtant destructive. Je tentais de relativiser la lourde décision qu'elle devait prendre et malgré mes conseils avisés, clairs et précis, elle avait ce don de remettre tout en question pour se culpabiliser à nouveau et trouver un tas d'excuses pour ne pas en finir avec son copain.

Ce n'est qu'en parlant longuement avec elle, en analysant ses réponses, chaque parole étant importante, qu'on en est arrivé à la conclusion suivante : la fin d'une relation représente un échec pour lequel nous ne sommes pas préparés, elle signifie que toute la durée de cette relation a été une perte de temps, et veut aussi dire qu'il nous faudra recommencer à zéro.

Hors qui voudrait recommencer à zéro ? Qui aimerait qu'on lui plonge le nez dans le caca en lui faisant comprendre l'étendue de cette perte de temps ? Qui pourrait jouir d'un échec cuisant, sautant de joie ?

Personne, la réponse est : personne !

Pourtant, n'est-ce pas ce qui se passe ? N'avons-nous pas l'impression d'avoir perdu le temps avec cet ignorant-imbus-égoïste, que ce en quoi nous avions placé nos espoirs s'annonce être un échec et qu'il faudra tout reprendre depuis le début, encore une fois ?

Ne dit-on pas que le bonheur se trouve dans le chemin et non pas dans le but ? Alors pourquoi plaçons-nous autant d'énergie négative dans une relation qui ne marche plus ? Pourquoi considérons-nous que tout ce qu'on a vécu avec cette personne n'a servi à rien ? Ne dit-on pas que nous apprenons de nos erreurs ?

Je pourrais encore trouver ici plein de belles phrases, de dictons, d'expressions qui vont dans le sens de ce qu'il me semble important d'expliquer dans ce livre. Ces phrases d'autres je les ferai miennes l'espace d'un bouquin, et n'hésiterai pas à les utiliser là où je sentirai que leur lecture pourra faire comprendre ou avancer les choses. Dans ce livre j'utiliserai des techniques ou des paroles dures, de celles qui parfois ne font pas plaisir à entendre, surtout quand on se sent visé. *La vérité sort de la bouche des enfants !* Je serai comme l'enfant et je n'hésiterai pas à mettre le doigt là où cela fait mal car *il n'y a que la vérité qui blesse,* n'est-ce pas ?

La vie est simple, le bonheur est à notre portée, et pourtant nous nous enlisons constamment dans notre propre misère remplie de sentiments négatifs qui nous nuisent. Nous voulons changer les autres (dans ce cas l'autre) alors qu'il suffirait de changer notre perception du monde et des personnes qui nous entourent pour nous sentir mieux. Quand nous jugeons notre partenaire comme « égoïste », c'est sans doute vrai, oui, mais vrai pour qui ? Pour nous, n'est-ce pas ? Notre vérité n'est hélas pas universelle,…et aucune ne l'est. La vérité vraie n'existe pas, elle est toujours sujette à l'appréciation de chacun. Car quand on dit que blanc c'est blanc, c'est vrai,…mais il y en a tellement de nuances que chacun pourra y apporter son commentaire. De plus, pour que blanc soit blanc, ou afin qu'il le soit, il nous faut nécessairement un blanc de référence qui devrait être reconnu par tous. Hors quand nous invoquons « tous », à qui faisons-nous référence ? A une majorité ? A tous sans exceptions ? A une haute institution ? Nous pourrions rentrer dans une polémique sans fin, alors que je vous parle d'une notion essentielle et j'aimerais même dire « universelle » qu'est le blanc, alors imaginez si on devait définir unanimement ce que sont l'égoïsme, la fidélité, l'attention, le respect, etc… Toutes ces qualités que nous recherchons toutes et tous chez un partenaire.

Relativiser un événement, c'est de penser à l'importance de celui-ci dans un futur proche ou éloigné. Vous avez eu un accident de voiture assorti d'une belle frousse aujourd'hui, et vous l'expliquez dans tous ses détails à qui veut bien vous écouter. Que sera ce même événement dans une année, ou dans dix ? Comment imaginez-vous relater l'accident d'aujourd'hui dans dix ans ? Vous voyez où je veux en venir ? Alors, pourquoi faire des montagnes de vos impressions ou de conversations avec votre conjoint si celles-ci n'auront absolument aucune importance dans le futur ? Beaucoup d'entre nous parlent de la « tolérance », de cette faculté à accepter les erreurs de l'autre sans même se rendre compte que *l'erreur de l'autre* n'est autre que le résultat de notre perception ! Donc d'un côté nous jugeons et condamnons les paroles ou agissements de l'autre, et de l'autre nous décidons de le ou la pardonner. Il serait bon de nous regarder attentivement dans le miroir, ne croyez-vous pas ?

Çà vous dérange ce que je dis ? Tant mieux ! Si ceci vous dérange c'est que je m'approche de la « vérité », celle qui fait mal.

La tolérance n'amène pas seulement au pardon, mais aussi à l'acceptation. *Tu as des défauts, certes,... mais vu que moi je suis tolérant(e), je les accepte !* Pathétique ! Les tentatives de manipulations sont nombreuses dans le but de changer l'autre. Combien de personnes tombent amoureuses du « potentiel » de tel ou telle personne ? Le potentiel est à l'opposé de l'amour comme le noir l'est du blanc. Nous nous mettons subitement à aimer ce qu'une personne pourrait devenir ! Nous voyons en elle le potentiel et non pas ce qu'elle est, alors qu'au même moment nous clamons haut et fort que nous l'aimons. Dans cette petite phrase que je qualifie de pathétique il y a aussi un mot important, c'est le « moi » qui veut bien dire ce qu'il veut dire. On va recommencer : *Tu as des défauts, certes,...mais vu que **moi** je suis tolérant(e), je les accepte !* Je veux dire par là que dans un même temps on incite l'autre à accepter nos défauts, et que s'il ne le fait pas, c'est qu'il aime moins que nous, donc il pourra se sentir coupable.

Il est clair que dans la majorité des relations il y en a un qui aime moins que l'autre. Cette personne a de ce fait plus facile à en finir quand l'union « bat de l'aile ». Julio Iglesias disait : *En amour il faut toujours un perdant, j'ai eu la chance de gagner souvent, et j'ignorais que l'on pouvait souffrir autant.* Ce livre s'adresse aux « perdants », à ceux qui aiment plus, à ceux qui souffrent plus. Pour les « gagnants », ils ont tout compris, qu'ils ne changent rien, tout va bien pour eux dans le meilleur des mondes. Quand je cite *gagnant* je ne parle pas de ces éternels dragueurs à la recherche d'un coup d'une nuit que l'on retrouve en grande quantité sur les sites internet à la mode,...mais bien des personnes qui s'investissent dans une relation, certes en aimant moins (ou d'une autre manière) que leur partenaire. Ces gens là sortent de la relation sans séquelles, souvent sans avoir l'impression d'avoir perdu leur temps, de recommencer à zéro ou d'avoir un goût d'échec en bouche. Au contraire, ils continuent à aimer, à leur manière, l'ex partenaire. Ils ne regrettent rien, et sont très heureux de l'avoir rencontré, sauf que cela n'a pas marché. *Mais nous avons eu plein de bons moments !*

Ces personnes là sont les « gagnantes » des relations, comme il y a des gagnants dans d'autres domaines (professionnel, politique, recherche, vente, etc...) Les gagnants apprennent à ne pas tout miser sur le même cheval. Oh là là, que dis-je ? N'interprétez pas mal, s'il vous plaît. Je ne veux pas dire que les gagnants sont ces hommes d'un soir dont le seul but de votre rencontre est de butiner. Quand les gagnants ne misent pas tout sur le même cheval, je veux dire qu'ils ne parient pas toute leur vie sur la relation, mais sur différentes choses, comme le travail, les amis, les hobbys, etc… La relation pour eux est un facteur du bonheur, mais il n'en n'est pas la source. Quand ils perdent la relation, ils ne paument qu'une partie des choses importantes de leur vie. C'est ce qui fait qu'ils encaissent beaucoup plus facilement les coups.

Les perdants par contre placent toutes leurs billes dans le même panier (vous voyez que j'utilise des expressions différentes !), cela veut dire que la relation est LA source de bonheur. Quand elle s'arrête, c'est le malheur garanti (l'inverse du bonheur), on a l'impression d'avoir tout perdu, le sentiment de l'échec, d'avoir gaspillé son temps, et qu'il faudra recommencer à zéro.

Ceci voudrait-il dire que nous devons aimer moins pour nous protéger ? C'est une approche assez intéressante, en effet. Oui et non. Je préférerais dire qu'il nous faudrait apprendre à aimer différemment pour souffrir moins (ou pas du tout) quand la fin de la relation approche.

Ce livre ne vous apportera pas de solutions toutes faites prêtes à l'emploi, car il n'existe pas de réponse universelle. Par contre vous trouverez plein de questions que vous pourrez vous poser, ainsi qu'une boite à outils bien fournie que vous pourrez utiliser à votre guise pour trouver vos réponses vous-mêmes. Ce que je veux dire, c'est que je ne prétends pas vous offrir un poisson chaque jour, mais que je vous enseignerai à pêcher, si vous êtes prêt à le faire. Attention, piètre élève celui qui ne veut pas apprendre (dicton personnel, j'espère !).

Les relations amoureuses, définition

La relation, quel grand mot! Comment pourrions-nous la définir ? Le plus facile c'est de commencer par Wikipedia (avec leur consentement bien sûr) :

- Une relation amoureuse est une relation entre deux (ou plusieurs) personnes basée sur une attirance quelconque entre ces personnes. (1)

- Une relation amoureuse est, la plupart du temps, la base d'un amour entre ces personnes, et très souvent la base de relations sexuelles. (2)

- Parfois, les partenaires amoureux choisissent de rendre leur union définitive (ou espèrent qu'elle le sera) en contractant un mariage, et/ou de fonder une famille en concevant ou adoptant un ou des enfant(s). (3)

- Une relation amoureuse peut être exclusive (un seul partenaire amoureux à la fois) ou pas (poly-amour, polygamie). (4)

- Dans la culture occidentale, la relation amoureuse implique des codes spécifiques (Saint-Valentin, reproduction, etc), du reste comme dans chaque civilisation humaine. (5)

- Une relation amoureuse peut être dite sérieuse si elle peut évoluer. C'est une relation dans laquelle les partenaires veulent construire quelque chose de solide et de durable dans le temps. (6)

Bon, on va décortiquer tout ceci un peu pour voir si tout le monde a compris. Je vais ici utiliser les numéros qui font références aux diverses explications, n'hésitez pas à les relire autant de fois que vous le souhaitez chacune de ces définitions afin d'en assimiler les subtilités.

La relation amoureuse est basée sur l'attirance entre deux personnes (1). En effet il doit y avoir attirance et je pense que nous sommes tous d'accord là-dessus. Cette attirance ne doit pas être forcément physique, elle peut être d'autre nature (culturelle, professionnelle, affective, financière, etc...), sinon les moches n'auraient jamais de partenaire ! D'ailleurs on parle d'attirance *quelconque*. Maintenant il est intéressant de savoir que la définition récente inclus le concept multi-partenaire (entre deux ou plusieurs personnes). L'amour tel que nous le concevons dans sa majorité est un amour envers une seule personne, et que cette personne ne ressente de l'amour que pour nous. Ceci est bien entendu un sentiment qui pourrait être considéré comme égoïste dans le sens où l'on acceptera rarement que son partenaire ressente aussi de l'amour pour une autre personne. *C'est l'autre ou c'est moi !*

Ceci nous vient très probablement de l'une de nos programmations essentielles, celle de la monogamie. Il y a d'une part l'église qui joue un rôle important à travers le mariage devant dieu où l'on promet fidélité éternelle, mais aussi les lois relatives au mariage civil. Ces lois sont en train de s'adapter tant bien que mal aux nouveaux usages de ce siècle. Par exemple dans certains pays l'adultère n'est plus un facteur aggravant dans les procédures de divorce. Il est intéressant de constater ici qu'il y a une volonté politique d'adapter les règles du mariage civil aux nouvelles conditions de couples, alors que du côté de l'église rien n'est mis à jour. Par exemple, le divorce est une notion qui a commencé à se vulgariser dans la deuxième moitié du 20ème siècle, alors que pour l'église il n'est pas encore vraiment accepté,...tout au mieux toléré, par manque de choix,...surtout quand un prince ou une princesse veut se remarier !

La relation amoureuse est la base de l'amour entre les personnes (2). On part ici du principe que c'est la relation qui donne naissance à l'amour, puisqu'elle en est sa base. Ceci voudrait dire que tout d'abord il y a relation, et ensuite il y a amour ? C'est un peu la polémique de l'œuf et de la poule, car en effet, il faudrait une attirance qui donnerait naissance à l'amour qui créerait la relation,...ou d'une attirance qui donnerait naissance à une relation, puis aux sentiments d'amour. Comme il existe des coups de foudres, ou des amours qui naissent petits puis grandissent, je ne vais pas m'étendre sur le sujet sous peine de nous faire perdre du temps à tous.

La relation amoureuse est la base des relations sexuelles. Cette description implique qu'il faudrait de l'amour, la plupart du temps, pour que la relation sexuelle existe. Hors, dans notre bon 21ème siècle, on remarque souvent que le sexe est simplement la conséquence d'une attraction mutuelle, qu'elle soit amoureuse ou non.

En effet, rares sont ceux et peut être moins rare sont celles qui doivent d'abord ressentir de l'amour avant l'acte sexuel. Ce phénomène est même en chute libre depuis la naissance d'Internet ou des lieux de rencontre. La libération (ou révolution) sexuelle initiée par nos parents, voir nos grands-parents dans les années 60 (du siècle dernier !) est la base même de la naissance des nouvelles relations qui est le sujet de ce livre. Je n'irai pas jusqu'à faire un cours d'histoire complet pour comprendre pourquoi ou comment mai 68 est arrivé, ni l'évolution depuis. Parfois il est bon de comparer nos histoires à celles de nos ancêtres, mais seulement si ceci nous aide à comprendre nos relations d'aujourd'hui ? Est-ce que penser au temps sans téléphone mobile ou sans ordinateur nous aide à en comprendre leur fonctionnement ? Bon, on continue ?

Pour résumer le point numéro 2, on associe très souvent l'acte sexuel à l'amour, mais cette notion, on en est conscient, est en train de s'essouffler.

Se marier ou fonder une famille représente l'espoir de rendre définitive l'union (3). Ceci me fait penser à une phrase que j'ai lu dans les bonus du film « *Mariages !* » que je conseille à tous : *Le mariage est le prix que les hommes à payer pour le sexe. Le sexe est le prix que les femmes ont à payer pour le mariage !* Belle approche n'est-ce pas ? Il me semble adéquat de faire une petite parenthèse à ce propos.

La solidité d'une relation dépend des personnes qui la composent, de de leur épanouissement dans celle-ci, de l'entente générale, et d'une multitude d'autres facteurs qui ne peuvent en aucun cas être remplacés par des enfants ou une union officielle. Ce qu'apportent famille et mariage c'est la notion de complication dans la désarticulation du couple qui pousse celui-ci à ne pas agir impulsivement. Donc à la question si le mariage (ou la famille) renforce les couples, je dirais non, pas nécessairement,…mais il en complique (et donc retarde) son explosion.

Ce qui nous en ramène à la notion d'espoir évoquée dans le point 3. Il faut comprendre ou rappeler que l'espoir se porte uniquement sur des choses que l'on ne connaît pas. Je vous recommande à ce sujet un petit livre d'**André Comte-Sponville - *le bonheur, désespérément.*** L'espoir que notre relation sera définitive veut aussi dire d'entrée de jeu que la relation n'est pas assimilée comme une union définitive, mais que tout au plus elle pourrait le devenir !

Plusieurs partenaires, ou un seul (4). Ici on voit bien que notre encyclopédie online est actualisée, car cette approche aurait été totalement inconcevable il y a un demi-siècle, et ne sera probablement pas reconnue par l'église avant plusieurs décennies. C'est un point intéressant car nous traitons dans ce livre des nouvelles relations. Hors, il faudra bien un jour où l'autre s'occuper de cette seconde personne que notre cœur aime en secret ! Sans doute que cet amour ne porterait ou ne s'étendrait jamais à la relation sexuelle, mais ce n'est pas le désir qui manque. Oui, je fabule un peu ici, mais si les personnes, en couple ou pas, pouvaient parler librement sans jamais être jugées, on apprendrait bien des choses. Notre cœur peut aimer plusieurs personnes à la fois. Je n'ai pas dit qu'il pouvait avoir des relations sexuelles avec plusieurs personnes à la fois, car certains pourraient, mais d'autres pas. Aimer plusieurs personnes en même temps nous permet de « diluer » notre amour, et la disparition d'un être aimé dans cette relation de « poly-amour » serait dès lors plus facilement assimilée par la personne qui reste.

Cet amour multiple aurait pour principal avantage d'être l'antidote de la dépendance qui détruit tant de personnes,...celles que j'ai appelées avant les *perdantes*. La dépendance amoureuse commence à être considérée comme une maladie dans les nouvelles relations. En effet, si il y a un siècle le mariage scellait définitivement et irrémédiablement le couple, la dépendance amoureuse passait généralement inaperçue car il était automatiquement convenu que la femme serait à la merci de son mari. Quand de nos jours certaines femmes occupent des fonctions qui avant étaient exclusivement masculines, assument leur autonomie financière, d'autres restent très dépendantes de leur partenaire. Si vous pensez que je mélange maintenant statuts, fonctions, et relations amoureuses,…vous avez raison. Je le fais car les personnes dans la vie courante le font. Il n'y a pas de femme directeur de son entreprise, réussite prouvée, qui en rentrant à la maison soit complètement dépendante de son partenaire au point de se laisser dépérir si la relation venait à se terminer. Et s'il y en avait une, qu'on me la signale, je pourrais en faire un livre !

Les dépendances amoureuse, affective et financière sont liées. Ce phénomène un peu démodé s'applique aujourd'hui aussi à la gente masculine. Alors qu'avant il était à 99% sûr que l'homme dirigeait le foyer, de nos jours de plus en plus de femmes prennent le relais. Inverser les rôles pour certaines choses l'inverse aussi pour d'autres. Il n'est pas rare de voir des hommes au foyer qui élèvent les bébés tandis que madame dirige son entreprise de main de maître, et il n'est pas rare de voir des hommes sombrer dans la dépendance amoureuse, déprimer par solitude ou abandon.

Les codes spécifiques de notre culture occidentale (5) sont un peu démodés. Ceci ennuie généralement les hommes, alors que les femmes y trouvent leur compte. Offrir le bouquet de fleur à la St Valentin est encore considéré par beaucoup comme une preuve d'amour. Cette « magie » de l'amour une fois par an est bien entendu entretenue par les lobbys et le sera encore longtemps, tout comme Venise s'accroche désespérément à ses gondoles ! Verra-t-on de notre vivant la chute de ces références ? Je ne le pense pas. D'un côté il y a tous ceux qui proclameront les pieds sur terre que c'est du cinéma qui ne sert strictement à rien,…et de l'autre il y aura ceux (ou celles) la tête dans les nuages qui fondront éternellement face à l'un de ces symboles. Tout comme le mariage a de moins en moins de valeur dans notre siècle, mais sera toujours célébré pour une partie de personnes qui en éprouvent le « besoin ».

Quand une relation amoureuse évolue, elle peut être considérée comme sérieuse (6) ! Tout évolue dans la vie ! Que ce soit l'emprunt de l'état, les cours du marché, votre corps, votre esprit (surtout en lisant ce livre !), vos relations avec vos voisins ou votre boss, etc... Nous sommes dans un monde en constante évolution, il serait bien dommage que notre relation sentimentale n'évolue pas ! Maintenant, évoluer vers quoi ? Cela peut être vers l'épanouissement, vers la stabilité (relative, bien entendu), ou encore vers la destruction, pourquoi pas ? Je ne comprends pas bien d'où vient cette définition.

Je ne suis pas entièrement d'accord quand Wikipedia précise que la relation peut devenir sérieuse quand les partenaires veulent construire quelque chose de solide et durable dans le temps. Ceci peut être obtenu en construisant une maison, en se mariant ou encore en faisant des petits ! Tout ceci pourrait être résumé en un seul mot que les Anglais utilisent beaucoup, home (le foyer), qui est bien joli. Mais pour rester les pieds bien sur terre, ces choses construites (ou en projets) constituent plus souvent une cimentation physique que morale. (voyez plus haut quand je parle de retarder l'explosion).

N'oubliez cependant pas que si vous ne construisez rien, ne vous mariez pas et n'avez pas de descendance, votre relation pourra difficilement être considérée comme sérieuse !!! Vous voyez ici que certaines définitions nous viennent encore du siècle dernier, et nous entraînent vers des notions quelque peu démodées. Vous n'allez pas me dire que la relation dans laquelle vous êtes depuis 6 ans avec cette personne franchement chouette n'est pas sérieuse, même si vous n'avez encore fait aucun projet ! Qui voudrait continuer dans ce cas ? Quitte à avoir une relation « non sérieuse » avec une personne, qu'elle ne soit pas trop longue, comme çà on peut en commencer une autre avec une autre personne. Ceci me fait penser à mon amie Céline qui est la base de l'écriture de ce livre, et qui considère que la durée de la relation est un gage de sérieux (ou une relation à prendre au sérieux). Maintenant, par comparaison avec nos ancêtres, toute relation de durée de moins d'une vie ne peut être considérée comme sérieuse !

Depuis quand la quantité remplace-t-elle la qualité ?

J'ai été moi-même dans des relations émotionnellement fortes et que je considère comme importantes (je n'aime pas trop le mot sérieux), où il n'y avait ni projet de construire, de se marier ou de faire des bébés, et qui de plus n'ont pas duré plus d'un an ! Alors, ce que nous considérons comme « sérieux » ne voudrait-il pas simplement symboliser notre investissement émotionnel dans cette relation ? De par cette simple définition, nous pourrions abolir les maisons, enfants, mariages, durées, etc… et nous simplifier la vie, non ?

Définition entière de la relation selon l'auteur :

Une relation amoureuse est une relation dans laquelle nous nous investissons émotionnellement et affectivement avec une ou plusieurs personnes, motivée par une quelconque attirance, qui peut être la base de sentiments d'amour et de relations sexuelles. Elle peut être représentée par des codes sociaux et officialisée par des lois.

Les relations amicales, définition

Nous allons répéter cette même étude mais avec la relation amicale, et allons de nouveau faire un petit tour chez Wikipedia.

- L'amitié est une inclination réciproque entre deux personnes (ou plus) n'appartenant pas à la même famille. Parfois c'est une amitié de groupe. (1)

- Le meilleur ami est, comme son nom l'indique, l'ami d'une personne avec qui elle a tissé des liens privilégiés qui surpassent les liens qui l'unissent aux autres personnes. De par ses liens particulièrement forts, la notion d'amour plutôt que d'amitié peut être employée pour qualifier cette relation. (2)

- L'amitié en son état pur est inconditionnelle, c'est-à-dire que de vrais amis ne se jugent pas, et ne tiennent pas compte du temps qui passe. Ainsi l'amitié dépasse-t-elle les valeurs individuelles et temporelles, elle est un état d'esprit, un lien particulier qui unit les êtres. (3)

- La sympathie ne se limite pas aux couples d'individus dans l'amour ou l'amitié, mais pourrait concerner le fonctionnement des cultures humaines. Le penchant à voir l'amitié comme un sentiment intime et exclusif reflète l'aliénation du monde moderne. (4)

L'amitié s'applique à un minimum de deux personnes qui ne sont pas de la même famille (1). Quand il s'agit de plus de deux personnes, c'est donc une amitié de groupe, *je fais partie d'un groupe d'amis*. Description simple mais efficace.

Le meilleur ami serait un ami qui sort du lot, avec qui les affinités sont plus fortes (2). On ne parle ici que d'un seul meilleur ami, puisqu'il serait « le meilleur ». Cependant, on entend souvent dans la rue : *un de mes meilleurs amis* qui ferait dans ce cas référence au fait qu'on peut effectivement avoir plusieurs meilleurs amis. Il est très intéressant de constater qu'au-delà du meilleur ami, quand la relation s'intensifie, on peut appeler çà de l'amour. Dans cette dimension, Wikipedia ne fait pas plus de commentaires.

L'état pur de l'amitié à comme particularité d'être inconditionnelle (3). Cette notion est assez intéressante car elle n'est en aucun cas possessive ou exclusive. Pour qu'il y ait amitié vraie, il ne doit y avoir aucun jugement et une intemporalité. L'état d'esprit est utilisé pour qualifier le lien particulier entre les amis.

On voit clairement dans le point (4) que toute tentative d'exclusivité dans l'amitié est rapidement condamnée.

Fin de l'analyse !

Définition de l'amitié selon l'auteur:

Lien réciproque fort, inconditionnel et intemporel entre deux ou plusieurs personnes, non exclusif, et dont l'apogée pourrait être assimilé à de l'amour.

Kath Beaufort

Relation d'amour = Relation d'amitié + Sexe ?

Dans les deux chapitres précédents, une chose claire émerge. Si pour la définition de l'amitié les choses sont simples, rapides et in équivoques, quand il s'agit de la relation amoureuse, on s'emmêle très vite les pinceaux. Pourtant on voit bien que dans l'amitié il y a une introduction aux sentiments d'amour (quand elle est très forte) alors que dans la relation amoureuse on ne parle hélas pas d'amitié.

L'amitié n'est pas exclusive, alors que l'amour l'est dans la plupart des cas ! Ceci nous amène à la question suivante :

Pourquoi devenons-nous possessifs dès que nous ressentons de l'amour envers une personne ? Alors que nous laissons à l'amitié le caractère de libre et pure. Un sentiment d'amour n'est-il pas un sentiment d'amitié en son point culminant, comme nous le montre la description de Wikipedia ?

La possessivité n'est pas le seul point négatif que nous avons l'habitude d'inclure dans la relation d'amour,...il y a aussi les aspects conditionnel et temporel. *Puisque je t'aime, ton bonheur doit être vécu avec moi, et si tu ne me donnes pas de nouvelles c'est que tu ne m'aimes pas !* On voit clairement que l'on sépare drastiquement ces deux notions qui ont pourtant la même origine : le lien réciproque et affectif entre deux personnes (ou plus).

La relation d'amitié n'est et ne peut être régie par aucune loi et ne possède pas de codes sociaux. Pas de fête des amis comparable à la St Valentin, pas de ville mythique sous eaux symbole d'amitié, pas de petits cœurs rouges fléchés comportant nos initiales, … rien !

Et pourtant rien de plus beau, de plus pur et de plus sain qu'une amitié.

Bien que la description n'en parle pas, l'amitié peut être accompagnée de relations sexuelles, mais contrairement à la relation amoureuse, ce rapprochement charnel aurait plutôt tendance à entacher la pureté du lien. A quoi doit-on ce phénomène ? A mon avis, dès qu'il y a attirance sexuelle et que celle-ci est convertie, les deux personnes ont automatiquement tendance à assimiler ce nouvel essor à un début de relation amoureuse, où malheureusement possessivité et exclusivité sont la norme.

Il est étrange de faire la relation suivante. Dans l'exemple précédent j'ai volontairement employé le nombre de *deux* personnes. Hors nous l'avons vu que l'amitié n'est pas limitée au nombre d'intervenants. Alors imaginons juste un instant, histoire de faire un parallèle dans l'unique but d'essayer de comprendre, que cette amitié qui se convertit en expérience sexuelle impliquait trois personnes. Croyez-vous que le lendemain d'une nuit mouvementée serait assimilé à un début de relation, et donc que possessivité et exclusivité viendraient compliquer la situation ? Bonne question n'est-ce pas ? Je pense bien franchement que nos problèmes au moment de mélanger l'amitié, le sexe et la relation ne viennent pas du rapport sexuel en lui-même,…mais de l'intimité qui pourrait s'en dégager.

La grande différence, c'est l'intimité !

Dans un rapport sexuel entre deux personnes, il y a intimité. Dans un rapport sexuel impliquant plus de deux personnes, il n'y a pas (ou beaucoup moins) d'intimité, ce qui s'y passe devient en quelque sorte « privé », mais pas intime. Le rapport n'ayant plus cette connotation intime, il est alors simplement charnel (le sexe pour le plaisir), et n'engendre plus les complications que l'on connaît.

Une conversation à avec une amie à ce sujet m'apporte un autre facteur qui nous permettra d'avancer un peu mieux. Mais pour cela je pense qu'il convient de revenir à nos notions de bases de rapports entre *deux* personnes. Il sort de cette conversation qu'il est très probable qu'au plus il y a un investissement émotionnel dans la relation sexuelle – et ceci ne doit pas être nécessairement ressenti par les deux protagonistes – et au plus les ébats pousseront la personne investie à considérer la « folle nuit » comme un début de relation amoureuse.

<u>Ceci nous amènerait à la conclusion suivante :</u> *La relation amoureuse à tendance exclusive est proportionnelle à l'investissement émotionnel plus l'intimité obtenus lors de baisers, attouchements ou ébats sexuels.* Maintenant ceci ne devrait pas poser problème si les *deux* acteurs de ces rapprochements s'investissaient de la même manière. Mais croyez-vous que ceci est fréquent ?

Ici plus haut je faisais allusion à revenir dans les exemples à une relation entre seulement deux personnes, puisque ce type de lien représente encore la très grande majorité des relations amoureuses de notre 21ème siècle. C'est donc ce que je ferai dans la plus grande partie de ce livre. Le « poly-amour » en croissance linéaire dans certains pays n'est pas le sujet de ce bouquin mais ses avantages seront expliqué dans un chapitre complet à la fin de l'ouvrage.

Kath Beaufort

Changer l'autre

Il est malheureux de constater tellement souvent que l'une des grandes maladies de nos couples – qu'ils soient de ce siècle ou du siècle dernier – est cette tendance à tomber d'amour pour le potentiel d'une personne. Cela m'est arrivé plusieurs fois dans ma vie, et je l'ai ressenti aussi passivement dans mes relations. Je voudrais avant tout préciser une chose.

Il est impossible de changer une personne si celle-ci ne veut pas changer !

Pour changer, il faudrait être conscient que l'une ou l'autre chose ne fonctionne pas en nous, donc passer en phase acceptation au lieu de déni. Je citerai une phrase que j'ai lu un jour : *L'homme marie la femme avec l'espoir que celle-ci ne change pas, mais elle changera. La femme marie l'homme avec l'espoir que celui-ci change, mais il ne changera pas.* Phrase oh combien témoin de multiples expériences de la vie, qu'elles soient nôtres ou étrangères. Nous allons nous attaquer au cas de la majorité de femmes – qui pourraient se reconnaître dans cet exemple – en premier.

L'homme qu'elle rencontre est beau comme un dieu, mais il fume, a le ventre un peu bedonné, aime la bière et le football ! Au niveau qualités autres que physiques, il est attentionné, autonome financièrement, encore célibataire et sans enfants. Voici une description qui pourrait représenter l'homme commun (sans vouloir être péjoratif, je vous rassure), et que je vais utiliser dans ce chapitre.

Pour qu'il devienne l'homme parfait, il pourrait arrêter de fumer, faire un peu de sport, réduire la bière, et se mettre à apprécier le tennis (ou le patinage artistique, tant qu'on y est !). En fait, ces quelques changements ne sont pas impossibles sans trop d'efforts, et celui que l'on a rencontré au détour d'un verre le vendredi soir pourrait être la perle rare que l'on cherche depuis longtemps. Comme en plus notre horloge biologique tourne sans jamais se détenir, chaque année qui passe, voire chaque mois, chaque jour ou chaque heure nous rapproche du point de non-retour que nous nous sommes nous-mêmes fixée. L'occasion se présente devant nous, cet homme *peut* être celui que nous cherchons, ne reste qu'à en « gommer » ces petits défauts de rien du tout, et dans quelques temps mes amies de demanderont où j'ai déniché un gars pareil.

Martine raconte : *Au fil des rendez-vous successifs et dimanches ensoleillés à nous promener dans le parc, Paul* (c'est son nom) *me confirma toutes les qualités que je lui avais trouvé lors de notre rencontre. Il est attentionné, beau gosse, et même câlin, ce qui ne me déplaît absolument pas. Quand le soleil n'est pas au rendez-vous je l'invite chez moi et la télé prend le relais. Nous regardons le tennis ensemble et je lui explique toutes les subtilités de ce sport encore méconnu pour lui. Dans ma démarche je rêve en secret qu'il s'attache à ce sport que j'apprécie particulièrement, ce qui pourrait l'éloigner du foot que j'ai en horreur. Je m'arrange aussi pour ne jamais avoir de bière au frigo, mais un petit vin blanc fruité bien frais que j'accompagne de quelques toasts faits maison, histoire de lui faire découvrir de nouveaux plaisirs. Je lui parle de ce fabuleux gymnase sympa où je me suis inscrite, du bien que je me sens depuis que je fais du sport* (deux semaines !)*, et de beau petit ventre bien musclé que je suis en train de me façonner. Touche ! Il est clair que chez moi on ne peut pas fumer, mais Paul est un homme respectueux, il sort à la terrasse pour s'en griller une, qu'il pleuve, vente ou gèle.*

Après quelques mois d'efforts acharnés mais subtils, je me rends compte que Paul ne change pas vraiment. Il est toujours l'homme câlin et attentionné que j'ai connu, mais il me demande à chaque fois si j'ai de la bière quand je lui propose un petit verre de vin, et se plains que j'oublie toujours d'en mettre au frigo. Nous regardons le tennis ensemble mais de plus en plus il s'endort pendant les matchs, et ne retient jamais qui est numéro un mondial. Il s'est inscrit au gymnase avec moi mais n'est venu que deux fois, le reste du temps il est retenu par le travail ou sa voiture tombe en panne, ou il se sent un peu fatigué. Il s'est lié d'amitié avec mon voisin de balcon qui doit lui aussi sortir pour fumer, parfois ils restent une heure à parler...foot ! Ah çà, il aime ! Il y est tous les samedis, avec ses amis, et se rempli le ventre de bière. Je ne comprends pas pourquoi les hommes aiment tant un sport aussi stupide !

Après deux ans de relations avec Paul, je me rends à l'évidence qu'il n'est pas un homme pour moi, mes amies ne m'envient pas, et il ne pourrait certes pas être le père de mes enfants. Cette relation doit se terminer, que de temps perdu. Qu'il aille se soûler à la bière avec ses copains du foot et que sa panse explose, qu'il continue à fumer comme une cheminée d'usine, moi, je tire ma révérence et vais rencontrer un homme qui soit capable de faire des efforts pour moi et me montrer qu'il m'aime !

Ce que Martine n'a pas compris, c'est que ni Paul ni aucun autre ne changera s'il n'en n'éprouve pas le besoin. Ce qu'elle n'a pas vu, que dans le foot et la bière, Paul y trouve son acceptation sociale, sa place dans la société, ses amis. Il a besoin du football pour vivre. En ce qui concerne son ventre, il ne le trouve pas gros, et d'ailleurs il aime répéter que certaines femmes adorent çà. Arrêter de fumer, pourquoi ? Paul y trouve ses moments relax, de bien être, de paix. Il en a même besoin car son boulot est assez stressant. Sans la cigarette, Paul ne pourrait pas vivre !

Martine est tombée « amoureuse » d'un potentiel, un Paul nouveau plus intéressant que celui qu'elle avait rencontré. Un Paul parfait. Ce dont elle ne s'est pas rendu compte c'est que Paul *est* parfait. Pas pour elle certes, mais certainement pour une autre. A quoi serait due la cécité de Martine ? Je dirais qu'en premier lieu, ne pas se connaître elle-même. En effet, une bonne connaissance de notre personne peut nous aider à éviter ce schéma classique, car si Martine, avant de commencer cette relation, savait qu'elle ne supporterait pas un homme avec un ventre de bière, féru de foot et fumeur, elle ne l'aurait certes pas commencé. Mais d'un autre côté si elle avait espoir de changer son partenaire, elle n'aurait pas non plus à supporter longtemps ce qui ne lui plaisait pas. Alors que s'est-il passé ?

Martine est une femme remplie d'amour,… conditionnel ! Elle n'est pas capable d'aimer une personne telle qu'elle est, mais seulement de l'aimer quand celle-ci sera à son image à elle. Ce qu'elle aime c'est une personne parfaite, et comme elle ne trouve pas cette personne, elle se rabat sur ce qui s'en approche le plus et essaie de la changer,…en vain. Martine s'est investie émotionnellement dans cette relation, et en attend de même pour son partenaire, ce qui ne va pas forcément de pair. Martine a donné toute son énergie, dont une grande partie servait à changer son conjoint, sans même essayer de comprendre la nature de sa personne. Elle a l'impression d'être la seule à avoir tout donné, et que lui n'a rien fait pour elle - *comme aucun homme d'ailleurs* – et elle se lamente du temps perdu en sa compagnie. Hors, son temps est précieux car elle vient d'entamer la trentaine et elle n'a toujours pas trouvé le père de ses futurs enfants, la fameuse horloge biologique de laquelle je parlais plus haut.

Il est évident que Martine ne rencontrera jamais un homme qui soit prêt à lui démontrer son amour comme elle le souhaiterait car ce qu'elle demande n'est pas une preuve d'amour, mais bien un abandon de la personnalité. Ni Pierre, ni Paul, ni Jacques, ni les autres ne lui apporteront ce qu'elle attend. Martine se condamne elle-même à la frustration, à rencontrer des hommes qui n'en valent pas la peine.

Paul a pourtant tout essayé dans cette relation car Martine lui semblait une femme intelligente, posée, mature et fantastique. Il s'est investit émotionnellement dans un couple où il lui semblait que parfois même tout donner n'était pas forcément suffire. Martine voulait qu'il arrête de voir ses copains du foot, était jalouse du voisin de balcon « *tu viens pour me voir ou pour parler avec lui ?* », le pressait pour qu'il arrête de fumer ou fasse du sport. Bref, jamais heureuse !

C'est bien toute cette critique à propos des agissements de Martine, mais qu'aurait-elle dû faire ? En premier, il est important de prendre une personne dans son ensemble, avec ses qualités et ses défauts. Une étude rapide permet de voir si cette personne nous plaît ou ne nous plaît pas, on la prend ou on la laisse, le choix nous appartient. Martine voyait en lui un potentiel impossible à obtenir. Et quand bien même ses attentes étaient un jour remplies, elle se plaindrait certainement d'avoir rencontré un homme sans caractère et qui ne sait pas ce qu'il veut. Mais nous n'en sommes pas à supposer. Dans cette optique de ce qu'aurait dû faire Martine, je répondrai : Vivre et laisser vivre ! Martine projetait l'image d'un Paul parfait dans un futur, et faisait de la perfection obtenue la condition pour s'engager plus dans la relation par le mariage ou les enfants. Hors, le petit ventre de Paul était-il vraiment un problème ? Cela ne l'a pas empêchée de passer la première nuit avec lui ! Fumer était-il vraiment un problème ? Il le faisait toujours en total respect, dehors, jamais dans la voiture, et se brossait les dents immédiatement après. Le foot et la bière étaient-ils un problème. Paul n'y allait que les samedis, n'a jamais tenter d'insister pour que Martine l'accompagne (bien que çà lui aurait plu), il buvait raisonnablement et n'en profitait pas pour draguer d'autres femmes.

Alors, la recherche de la perfection n'est-elle pas le problème fondamental ? Ne serait-ce pas ce qui nous pousse à vouloir changer l'autre ? Au début de l'introduction de cette relation, j'ai écrit une chose qui possiblement est passé inaperçue : *Mes amies me demanderont où j'ai déniché un homme pareil.* Le regard des autres nous pousserait-il à vouloir rencontrer le partenaire idéal ? Martine passe à côté de personnes comme Paul qui sont fortement recommandables, et passera encore quelques temps à chercher. Elle ne se rend pas compte qu'une fois que son horloge biologique sera acculée, ses priorités changeront drastiquement et qu'elle sera prête à se contenter de qui que ce soit qui voudra bien d'elle à ce point d'inflexion de sa vie, celui de penser que c'est *maintenant ou jamais* pour avoir des enfants. Comme beaucoup, après une longue période infructueuse à la recherche de la perfection, elle mariera en hâte le premier venu, dont elle divorcera dans le meilleur des cas seulement quelques années plus tard.

Quand Stephen a rencontré Virginie, elle était jeune et rebelle, simple et spontanée. C'était une femme toujours habillée de jeans et chaussures de sport, cheveux au vent jamais vraiment coiffés, la peau peu ou pas maquillée. Virginie avait des idéaux marqués par une volonté de changer le monde, révolutionner la génération, ouvrir les esprits, vivre en marge, ne pas s'occuper de l'opinion des autres. C'est cette simplicité, spontanéité et cette énergie qui avaient séduit Stephen, un bel homme grand, blond et aux traits charmeurs.

Douze années se sont écoulées depuis leur rencontre, pas de mariage car Virginie en était contre, mais quand même marqués par l'arrivée d'une petite fille adorable.

Virginie est passée de caissière d'un supermarché, à adjointe du chef, et est maintenant devenue la gérante. De sa vie rebelle à vouloir changer le monde, elle s'est intégrée dans la société, elle conduit maintenant un cabriolet, dépense de l'argent en coiffeurs et esthéticiennes, se maquille le visage, s'habille de marques, se réuni avec ses amies confortablement mariées, et parlent des nouveaux parfums ou sacs à la mode, ou des implants mammaires qu'elles rêvent toutes de porter. Ce dont se rebellait Virginie à son jeune âge – la vie mondaine de sa maman – était inconsciemment devenu son pain quotidien. Virginie veut aujourd'hui plaire à tout son voisinage, et son image ne peut être entachée par une vie sociale « débraillée » comme se promener main dans la main avec son partenaire Stephen, ni même que les gens sachent qu'ils ne se sont jamais mariés.

Stephen vient de la quitter il y a peu. Il entretenait depuis un an une liaison avec une femme plus jeune, plus simple, aux cheveux jamais coiffés, habillée en jeans et en chaussures de sport, un peu rebelle dans sa manière de vivre. Pour Virginie c'est le désastre. Elle ne comprend pas ce que Stephen puisse lui trouver, *à part l'âge bien entendu, ce qui explique tout* ! S'il veut s'afficher avec une débraillée, qu'il le fasse ! Virginie pense que toutes ces années passées avec lui ne sont qu'une perte de temps. Elle a tellement évolué dans le bon sens pour qu'il soit fier d'elle, et c'est quand elle va arriver au climax de son évolution – ses nouveaux seins – qu'il décide de partir avec une plus jeune qu'elle.

Ce que Virginie n'a pas compris c'est que l'âge de Françoise n'est pas la raison du départ de son conjoint, ni la poitrine plus jeune ou plus ferme, mais peut être le fait que celle-ci soit plus naturelle (poitrine ou femme, allez savoir !). Stephen est tombé amoureux il y a douze ans d'une femme qui aujourd'hui n'existe plus. Tout ce qu'il aimait en elle a disparu. De simple elle est passée à sophistiquée, de naturelle à artificielle, de rebelle à snob. Il n'est pas parti pour une autre, mais pour une semblable à la Virginie *d'avant*.

Nous avons vu les deux exemples que j'évoquais dans cette petite citation marrante mais oh combien emprunte de vérité. Martine veut changer Paul alors que Paul ne changera pas, Stephen qui ne veut pas que Virginie change alors qu'elle changera. Dans ces deux cas c'est la femme qui est à l'origine du changement, ce qui représente une attitude généralisée, alors que l'homme à plus tendance à rester fidèle à lui-même. Il me reste un petit exemple pour prouver que l'homme peut aussi changer.

Frank était un homme de la quarantaine, en pleine crise liée à cet âge. Après une vingtaine d'années passées à courir derrière l'argent, il s'était mis à lire des bouquins de psychologie, de développement personnel, de sagesse spirituelle, etc... Nelly était une femme qui dans la quarantaine aussi traversait cette phrase sans anicroche, heureuse dans son travail et dans sa routine quotidienne de vie. Il apparût vite dans ses lectures que Frank était à la recherche d'un nouveau style de vie. Un jour, à la découverte d'un livre de PNL la lumière lui vint. Il comprit alors qu'il vivait à côté de sa vie, à côté de qui il était pendant son enfance. Il se mit vite à la tâche de changer tout cela, de remettre de l'ordre dans sa vie et de se reconnecter avec lui-même. Il arrêta son travail qui ne lui plaisait plus depuis un certain temps, échangea sa berline à intérieur cuir pour une petite citadine modeste, enleva la montre qu'il portait depuis trente ans, et se mit à embrasser d'autres valeurs.

Ces changements prirent place en un moins d'un an, et dans le parcours de transformation il tenta de convaincre sa partenaire de la beauté et de la pureté de ce nouveau chemin. Nelly était une femme heureuse et épanouie, bien dans sa vie, dans ses chaussures, et dans son travail de secrétaire de direction. Les appels de son mari vers une vie qu'il disait plus authentique ne la séduisaient aucunement. Ils durent se séparer après deux ans. Frank vit aujourd'hui de façon un peu bohème certes, mais il semble être heureux. Nelly poursuit sa carrière.

Dans ce cas, c'est l'homme qui décide de changer son parcours de vie, et de redevenir ce qu'il était autrefois. Il s'était visiblement marié avec une femme qui lui convenait tout le temps qu'il vivait « à côté de sa vie ». Une fois « reconnecté », elle n'était plus pour lui. Frank avait fait la grande erreur de croire pendant des années en des valeurs d'une société oubliant les siennes. Il lui aura fallu une « crise de la quarantaine » pour se rendre compte de ses erreurs. Nelly quant à elle était fidèle à elle-même. Bien sûr les années l'avaient fait évoluer, mais elle restait fidèle et confiante en ses valeurs.

Introduction à la notion de temps

Dans le petit exemple de Frank et Nelly, on remarque qu'ils se sont pourtant bien entendus pendant une vingtaine d'années, et puis soudain c'est la séparation pure et dure. Ce que je veux expliquer par là, c'est que l'on peut bien s'entendre avec une personne aujourd'hui, mais ne plus s'entendre demain. A chaque fois que l'on parle de sentiments il est bon d'y introduire une notion de temps.

Je t'aime. Ceci veut dire je t'aime aujourd'hui, maintenant. Car il nous est impossible de savoir si on aimera encore cette personne dans dix ans ou dans six mois. Je t'aime aujourd'hui.

Lui et moi on s'entend bien. Cela veut dire que maintenant on s'entend bien. Dans six ans ou dans dix mois, on verra, mais aujourd'hui on s'entend bien.

On entend souvent des personnes dire, je t'aimerai toute ma vie. Sans doute ils ne se rendent pas compte que ces paroles les engagent dans un temps relativement long ! A moins que nous soyons en phase terminale d'un cancer, il vaudrait mieux ne pas utiliser ces termes. Nos sentiments, aussi purs soient-ils aujourd'hui ne peuvent en aucun cas représenter le lendemain. Nous ne pouvons nous engager pour le futur car la seule chose que l'on connaît avec certitude c'est le présent et notre passé.

Extrait du serment de mariage :

Veux-tu avoir cet homme pour ton mari, et vivre avec lui, selon l'ordonnance de Dieu, dans le saint état de Mariage ? Veux-tu lui obéir, le servir, l'aimer, l'honorer, et le garder, en temps de maladie et en temps de santé, et, renonçant à tout autre homme, veux-tu t'attacher à lui seul, tant que vous vivrez tous deux ?

Pendant les vœux du mariage, Dieu pour témoin, nous promettons un tas de nobles choses jusque quand la mort nous sépare. Je suis certain que dans une grande majorité nous pensons et croyons en nos paroles à ce moment précis de notre vie. Mais alors, pourquoi un couple sur deux divorce-t-il ? Avons-nous menti ce jour là devant Dieu et son représentant ? Non ! Mentons-nous aujourd'hui quand nous disons que nous n'aimons plus notre partenaire ? Non ! Alors dites-moi où se trouve le problème !

Il se trouve dans la notion de temps que nous oublions volontairement ou involontairement d'inclure dans nos propos. Ce que l'on aimerait dire, sans vraiment nous en rendre compte, c'est :

Aujourd'hui ce que je veux c'est te servir, t'honorer, t'aimer, t'obéir, te garder en temps de maladie ou de santé, m'attacher à toi seul(e) et renoncer à tout homme (ou femme).

Il est clair que si on disait *je t'aime, je ne sais pas pour combien de temps, mais aujourd'hui je t'aime,* ce ne serait pas aussi bien perçu qu'un *je t'aime* tout court. Attention, ce n'est pas parce qu'on ne le dit pas que cette notion n'existe pas ! Que l'on soit conscient ou non de son existence, qu'on la prononce ou non, cette notion existe bel et bien !

Prendre conscience que le temps est obligatoirement associé aux sentiments nous fera accepter toutes les étapes de la relation de couple beaucoup plus facilement, mais j'en reparlerai plus loin. Ce qui est important pour l'heure, c'est de comprendre que la notion de temps est indissociable de nos sentiments.

Inclure le temps dans nos propos est aussi important que d'éviter d'utiliser les mots *jamais* et *toujours*. Ces paroles nous engagent indéfiniment, alors qu'il nous est totalement impossible de savoir ce que nous ressentirons, ce que nous aimerons ou ce que nous n'aimerons pas demain. Je suis sûr que vous avez déjà employé ces paroles à maintes reprises dans votre vie. Essayez d'en retrouver un exemple, soyez honnêtes avec vous-mêmes, et dites-moi si aujourd'hui vous êtes toujours aussi sûrs de ces *jamais* ou *toujours* prononcés par le passé.

Les cycles de la relation

Dans ce chapitre, j'expliquerai toutes les phases d'une relation normale de la deuxième partie du siècle dernier (ou incomprises de ce siècle). Ce n'est qu'une description brève où vous vous retrouverez probablement. Je n'évoque que les relations entre hommes et femmes, de seulement deux personnes, car elles représentent encore plus de 90% des relations au jour d'aujourd'hui. Néanmoins, les homosexuels peuvent se servir de ces exemples.

Pour vous repérer plus facilement j'ai décidé d'incorporer un schéma assez simple. Il représente l'investissement émotionnel de chaque composante du couple prise à part. C'est-à-dire que tant l'homme que la femme traverseront ces phases, plus ou moins vite et plus ou moins intensément. En règle générale, les hommes vont plus vite, et les femmes vont plus intensément. Pour ces dernières il suffirait d'étirer ce schéma vers le haut avec *Photoshop*, mais le résultat ne s'en verrait pas changé pour autant. Le schéma se lit de gauche à droite, mais sa longueur ne représente pas le temps.

Le temps est tout à fait relatif, et il est fréquent que certaines personnes se détiennent sur une phase pour ne plus jamais y bouger, alors que d'autres les parcourent à une vitesse effrénée.

Ce dessin représente donc l'investissement émotionnel et la relation d'une personne <u>envers</u> son partenaire. Ce n'est pas un diagramme de la relation, mais simplement des différents stades par lesquels passent chacun des acteurs de cette relation. Je me répète, mais il est important que vous compreniez ceci pour pouvoir avancer et assimiler le reste.

Dès que deux personnes en relation ne se trouvent pas dans la même phase, j'appellerai cela déphasage ou décalage. Ceci arrive bien plus souvent qu'on ne le pense. Je me souviendrai de Corine qui dès les « premières minutes » de sa relation s'est retrouvée au point culminant, alors que qu'Éric lui a démarré plus lentement mais ne s'est pas détenu en chemin. Ce qui a donné l'effet suivant : Corinne follement amoureuse depuis le premier jour, et lui un peu dépassé par les événements. Elle fait alors tout pour lui plaire et pour qu'il tombe amoureux d'elle aussi intensément. Elle y parvient presque mais cela prends du temps. Éric, un peu pressé par une partenaire qui aime trop ne s'arrête pas en chemin, il continue sa courbe qui commence à s'incliner dangereusement vers le bas. Trois ans plus tard, nous retrouvons Éric qui a dépassé le point de non-retour, et Corinne toujours follement amoureuse sur son petit nuage. Après vingt ans, ils sont toujours ensemble, pour la simple et unique raison qu'Éric ne peut la laisser car il ne veut pas la détruire, il y a aussi les enfants, la maison et le mariage. Éric serait sans doute plus heureux autre part, mais ses valeurs sont : statut, famille, opinion des autres, etc... Éric, malgré le fait que depuis très longtemps ne se sent pas bien dans la relation, poursuivra l'agonie probablement jusqu'au bout de ses jours car au fond, il tire encore aujourd'hui plus d'avantages dans cette relation dysfonctionnelle que le prix qu'il aurait à payer en la laissant.

Je parle un peu chinois et vais probablement trop vite en conclusions dans cet exemple. Ne vous inquiétez pas, vous allez comprendre en continuant ce livre et vous serez certainement à même d'analyser les relations de vos amis ou famille une fois ce bouquin achevé. Assez parlé, voici ce fameux schéma qui vous aidera à comprendre mieux l'exemple précédent.

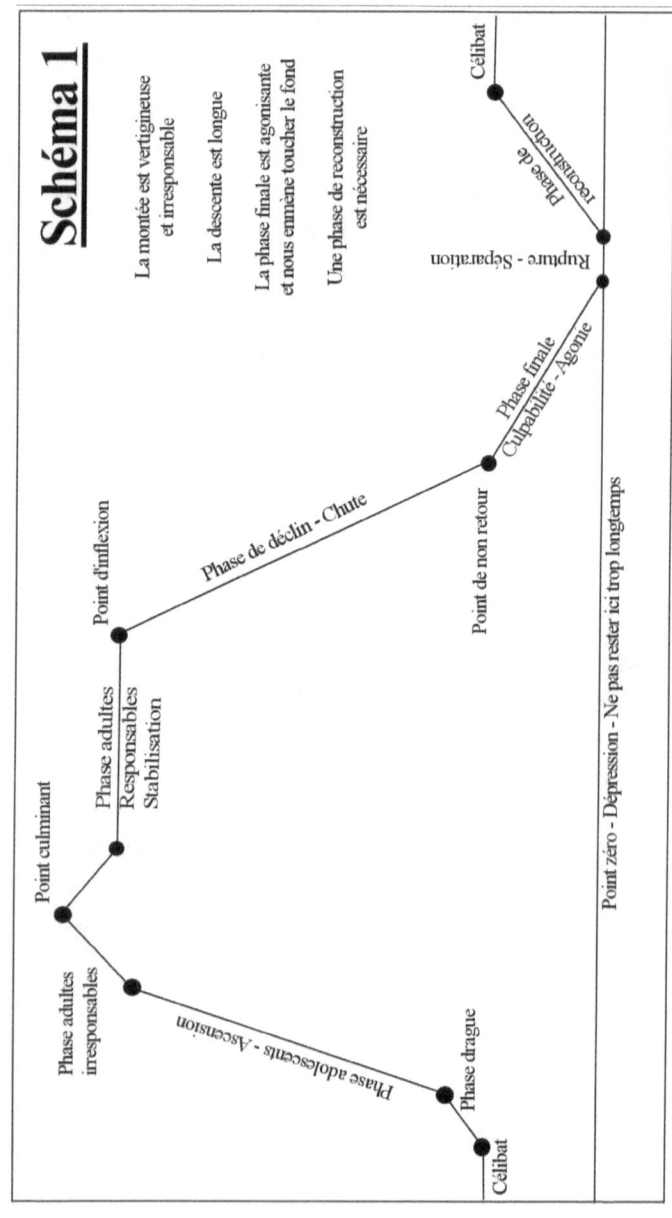

Schéma 1

La montée est vertigineuse et irresponsable

La descente est longue

La phase finale est agonisante et nous emmène toucher le fond

Une phase de reconstruction est nécessaire

Célibat

Phase de reconstruction

Rupture - Séparation

Phase finale
Culpabilité - Agonie

Point de non retour

Phase de déclin - Chute

Point d'inflexion

Phase adultes
Responsables
Stabilisation

Point culminant

Phase adultes
irresponsables

Phase adolescents - Ascension

Phase drague

Célibat

Point zéro - Dépression - Ne pas rester ici trop longtemps

La rencontre : (phase drague)

Fantastique, un homme et une femme se croisent pour la première ou la énième fois, mais leurs regards se détiennent. Ils auraient pu se croiser par le passé, mais aujourd'hui est le jour. Le jour pour elle, le jour pour lui, ils sont tous les deux ouverts à une nouvelle rencontre. Cette rencontre et ces échanges de regards ne sont possibles que quand les deux acteurs sont prêts, il s'en suit alors une hausse d'adrénaline, les respirations s'emballent, s'en suit une sensation de manque d'oxygène, etc… La rencontre est un moment fort, elle veut dire que l'on plaît à une autre personne.

Quand je parle de rencontre et que j'évoque ces sentiments, je veux parler d'attirance réciproque, car ce livre parle de relations. Je ne me lancerai pas ici dans l'éventualité de la personne qui tombe amoureuse d'une autre non disponible ou non intéressée. Il existe d'autres livres pour cela.

Dans cette phase on boit les paroles de l'autre, on l'écoute avec attention, on est curieux. On aimerait apprendre, somme prêts à entendre quoi que ce soit, sommes capables de voir le positif dans le négatif. Nous sentons un certain désir (ou un désir certain !) envers l'autre. Nous essayons de nous rapprocher, de l'effleurer, d'entrer dans son espace intime (- de 30cm). Nous essayons de capter tous les signes qui nous rassureront sur la réciprocité de ce que nous ressentons. Nos pupilles sont dilatées, nos terminaisons nerveuses à leur zénith. Nous utilisons notre meilleur sourire et mettons nos qualités en avant. Bref, nous nous efforçons de plaire.

L'ascension : (phase adolescents)

Nous avons conclu, le partenaire est entre nos bras, nous avons commencé une relation amoureuse par un baiser, des attouchements, ou une nuit d'amour. Nous désirons nous revoir et ne nous privons pas. Tous les prétextes sont bons pour nous croiser, nous appeler, nous envoyer un mail ou un SMS. A chaque rendez-vous nous mettons les bouchées doubles, parfum, maquillage, belles chaussures, décolleté, etc...

Nous invitons l'autre à la maison et nous improvisons chef d'un soir. Recettes puisées sur internet, aide de maman ou de la meilleure amie, tout est mis en œuvre pour impressionner l'autre. Chaque moment vécu est un coin de paradis. Chaque sourire ou parole douce est soigneusement conservée en mémoire et provoque des sensations d'excitation.

Durant cette phase nous nous efforçons subtilement d'isoler notre partenaire d'autres candidat(e)s potentiel(le)s. Nous nous intéressons à ses sentiments et à toute information qui trahirait le sérieux et l'investissement émotionnel, en nous assurant que nous sommes l'unique dans son cœur.

Le point culminant : (phase adulte irrespon-sable)

Quand tous nos doutes du début sont levés, nous nous laissons aller à vivre cette relation au jour le jour, c'est le meilleur moment. Nous sommes prêts à tout et ouverts à tout. C'est là que nous décidons en trois minutes des modalités pour vivre ensemble, l'amour l'emportant sur tout le reste. Nous vivons notre relation sans jamais penser aux points négatifs qu'elle pourrait engendrer, ceux-ci étant limités à leur plus simple expression.

Tous les détails physiques de la relation sont abordés ou traités avec insouciance, l'important étant d'être collés l'un à l'autre. Nos ébats n'en finissent pas, nous nous désirons matins et soirs. Nous planifions des vacances ou improvisons des week-ends, l'endroit n'ayant pas vraiment d'importance. Ceci, au contraire du point d'inflexion, est une phase, et elle est croissante un temps, décroissante ensuite. Elle peut se dessiner avec un pic ou en forme de parabole.

La stabilisation : (Phase adulte responsable)

Nous nous connaissons maintenant depuis un moment, et nos pieds ont repris contact avec la terre. Nous nous aimons, certes, mais nous avons aussi nos problèmes quotidiens à régler, notre carrière, une visite chez nos parents, etc… Nous apportons chacun nos précisions sur les points décidés à la hâte durant la phase précédentes. Nos dates ne coïncident plus forcément car nos priorités ne sont pas uniquement la relation, nous devons agir désormais en adultes responsables.

Nos relations sexuelles sont conditionnées par les possibilités, l'état moral, quand les soucis sont absents. Nous mettons en avant nos carrières professionnelles, notre organisation journalière, et petit à petit, le train-train s'installe. Nous faisons des remarques à l'autre quand nous les jugeons opportunes, afin de « l'aider » à nous plaire !

Notre relation est aussi importante que toute autre chose dans la vie. Nous nous aimons, mais notre relation fait partie d'un tout sans lequel nous ne trouverions pas notre équilibre. La relation est importante pour notre épanouissement, mais n'en n'est pas le moteur (sauf dans le cas de la dépendance).

Le point d'inflexion :

C'est quand soudain nous donnons préférence au reste des choses. Ce point d'inflexion n'est détectable que par des personnes très aguerries. Il ne s'agit que d'un moment, le point d'inflexion n'est pas une phase, mais juste un basculement.

Comment le détecter ? Assez compliqué, mais je vais essayer. Ce n'est pas un point que je vais évoquer qui vous permettra de trouver ce moment, mais bien un ensemble de choses.

C'est par exemple quand vous préférez voir un match de foot avec les copains que d'être avec elle ce soir là. C'est quand vous vous demandez l'espace d'un instant si vous pourriez vous satisfaire de lui toute votre vie. C'est quand vous n'aimez pas sa manière de s'habiller. C'est quand vous trouvez une excuse pour rester seule ce soir là.

Il faut être très attentif pour déceler de point d'inflexion, car si vous y arrivez, vous pouvez le repousser. Et si vous arrivez à le repousser constamment, alors votre relation durera plus longtemps. Certains appellent ceci *mettre de l'eau dans son vin*, d'autres disent qu'il faut *lutter*. Mais ce qui est certain c'est que de plus en plus facilement nous jetons l'éponge assez vite. Je ne suis pas partisan de dire qu'il faut *lutter* dans une relation pour la maintenir en vie, mais parfois déceler le point d'inflexion en tant que tel nous permet de le repousser en un minimum d'effort.

Le point d'inflexion marque le départ de la phase suivante qui est bel et bien une phase !

La chute : (phase de déclin)

Elle est l'évolution cynique de la phase d'adulte responsable. En fait nous devenons des adultes trop responsables. Bien que nous soyons conscients que la relation est importante dans notre vie, nous considérons qu'il y a d'autres facteurs bien plus importants. La relation est rangée en seconde place derrière la carrière, la famille, ou encore les amis. Nous la vivons en mode inertie, elle se maintient elle-même à un niveau acceptable. La relation est devenue une habitude dans laquelle nous évoluons sans hauts ni bas.

Nous pouvons prédire les réactions de notre partenaire, ses sautes d'humeurs que parfois nous provoquons délibérément simplement pour réaffirmer notre personne. Au plus nous avançons dans cette phase et au plus nous cessons de faire des efforts. Notre investissement tant énergétique qu'émotionnel se limite au minimum requis afin que la relation ne pose pas problème. Nous ne nous rendons hélas pas compte que ce minimum est constamment revu à la baisse. C'est l'inertie qui maintient notre relation vivante.

Le point de non retour :

Ceci n'est pas une phase, mais comme son nom l'indique juste un point comparable à celui d'inflexion. Il est utilisé par les pilotes d'avions lors du décollage ou de l'atterrissage. Il défini le point à partir duquel la procédure en marche (décollage ou atterrissage) ne peut plus être interrompue. Dans notre cas, une fois franchit ce point, puisque nous sommes en *atterrissage*, celui-ci ne peut être interrompu, il est impossible de renvoyer l'avion en l'air, la piste est devenue trop courte. Il faut freiner et utiliser tout ce que l'on a afin de limiter les dégâts, mais la fin de la piste se rapproche inévitablement. Ce point donne naissance à la phase suivante.

La culpabilité, la tristesse, l'agonie : (phase finale)

Nous avons jeté l'éponge depuis un bon moment, et l'inertie ne nous permet même plus de nous supporter l'un l'autre. On se reproche les belles paroles du début, et on se demande parfois comment on en est arrivé là. Plus aucun effort n'est consenti, et il se crée même une synergie du non-effort qui prend ses racines sur des valeurs telles que l'égoïsme ou l'orgueil.

La relation doit et va se terminer, ce que l'on ne sait pas encore c'est *quand*. Alors cette phase peut durer entre quelques jours pour des personnes intelligentes, et quelques années (voire jamais) pour d'autres. Pourquoi cette chute peut-elle être si longue parfois ? Bonne question et c'est ce que j'appelle l'*agonie*. S'il y a des personnes conscientes que la fin est inévitable et que notre vie vaut la peine d'être vécue, alors elles vont clôturer cette relation malsaine au plus vite afin de pouvoir s'ouvrir à une autre, ou même simplement pouvoir respirer à nouveau. Pour certaines personnes, pas de relation est bien pire qu'une relation dysfonctionnelle, alors elles s'accrochent à ce qui reste. Cela peut être par peur de la solitude, par instinct d'évitement de l'échec (j'y reviendrai), ou encore pour préserver un statut « enviable ». Éric se trouve quelque part par là.

La *tristesse* c'est quand on se remémore les bons moments, les belles paroles, les phases montantes quand on ne pouvait pas respirer sans l'autre. On s'accroche au passé, aux instants magiques de la relation, sans voir ou accepter ce qu'elle est devenue. La tristesse, c'est le refus de vivre le présent, car si on s'y attardait ne fusse qu'une minute, effaçant comme par magie le passé, on se rendrait vite compte que le présent est plus intéressant hors que dans la relation.

Si on essaye, alors qu'il est manifestement trop tard, de comprendre pourquoi cette relation en est arrivée là, analysant chaque détail qui compte, on en arrive vite à *culpabiliser*. Soi-même ou l'autre, peu importe. A la seule différence qu'une culpabilisation saine et logique sur nos manquements nous aidera à ne pas répéter les mêmes erreurs dans le futur. Mis à part cette caractéristique, la culpabilisation discutée avec votre partenaire ne vous mènera à rien. Ce qui importe est le résultat, et sortir de là sans trop de dégâts. *Je m'en veux, tout est de ma faute. J'ai bien réfléchi, c'est de ta faute si on en est arrivés là,* ne feront rien avancer du tout. N'oubliez pas que le point de non-retour a été franchi, tout ce qui vient maintenant ne remettra pas le couple sur pieds.

Complications :

Dans cette description de la relation, j'ai volontairement omis des points importants comme le mariage, le divorce, les enfants, etc… dans un but d'en alléger la procédure. Le mariage se demande ou se décide dans la phase adulte irresponsable (à moins que ce soit pour des raisons autres que l'amour), et se déroule physiquement dans la phase de stabilisation, et pour certains même après le point d'inflexion. C'est pour cela que devant cette phrase solennelle certains pincements au cœur peuvent se faire ressentir. Je vous l'écris ici, juste pour tous ceux qui y sont passés et qui s'y reconnaîtraient :

Je te prends pour ma femme et épouse, pour t'avoir et te garder dès ce jour et à l'avenir, que tu sois meilleur ou pire, plus riche ou plus pauvre, en maladie ou en santé, pour t'aimer, te chérir, et t'obéir,

jusqu'à ce que la mort nous sépare,
selon la sainte ordonnance de Dieu, et
sur cela je te donne ma foi.

Pour simplifier les choses, et que ce moment soit vécu de la meilleure manière possible, que la foi soit vraiment foi, je dirais qu'il faut absolument célébrer un mariage au plus tôt après sa décision, pendant la phase culminante, et au pire dans la phase de stabilisation. Mais jamais (et pardonnez-moi l'emploi de ce mot) après le point d'inflexion.

Les enfants peuvent être créés dans toutes les phases, et leur **P**rogrammation **N**euro **L**inguistique (PNL) dépendra essentiellement des phases dans lesquelles ils grandissent. Petite parenthèse à ce sujet : Nous avons tort de croire qu'il vaut mieux pour nos enfants un entourage familial en phase d'agonie que des parents divorcés. Mais ceci est pour un autre livre.

L'adultère apparaît pendant ou après la phase de déclin. Contrairement à ce qu'on pourrait croire, ce phénomène n'est pas aggravant, mais simplement il avance très souvent la personne active à un rythme accéléré jusqu'à son point de non-retour. Atteindre le point de non-retour ne veut pas dire nécessairement la fin de la relation, mais *la tristesse, la culpabilité, l'agonie* (relisez la *phase finale*).

L'adultère chez l'homme peut commencer dès le point d'inflexion, alors que souvent chez la femme il n'est concevable qu'autour du point de non-retour

Le divorce intervient toujours après le point de non-retour. C'est à partir de là qu'il y a séparation physique et qu'on commence à se disputer chaque objet acheté en couple et avec amour.

Heureusement çà ne se passe comme çà que dans la majorité des cas. Il y en a quelques uns qui ont la chance de pouvoir agir en adultes et d'avoir la possibilité de vivre cette séparation comme une étape de la relation. C'est pourquoi à mon sens il est temps d'apprendre pourquoi ce livre existe, et pourquoi *les relations du 21ème siècle* sont aussi différentes que celles d'avant. Nous y arrivons bientôt, il ne nous reste qu'une phase.

Recommencer à zéro : (phase de reconstruction)

La fin de la relation signifie l'échec de celle-ci. Tout le temps perdu est reproché à l'autre et l'on tente par tous les moyens d'essayer d'oublier son existence tant elle a été maléfique pour le bon déroulement de notre petite vie personnelle. En effet, une infime minorité peut concevoir une amitié après une relation ! On se demande ce qu'on a bien pu lui trouver, et comment on a pu tomber dans un piège aussi évident. On s'en plaint partout où l'on va pour que les gens nous prennent sous leur épaule et s'écrient *pauvre de toi*.

Après la difficile et déchirante étape où l'on doit se partager (ou se diviser) les choses, reprendre nos affaires, retrouver un logement ou encore reprendre nos études délaissées pour l'autre, il nous faut apprendre à nous reconstruire. Pour certaines personnes cette étape est celle d'un nouvel air frais, et pour d'autres c'est le manque d'air qui la caractérise, par l'impossibilité de vivre seul(e). Il y a plein de manières différentes de vivre la rupture, et plein de livres en parlent, mais ils sont hélas généralement basés sur une perception de relations démodées. La reconstruction peut être une étape très simple si on veut, si on change le « chip », et peut-être même annulée en tant qu'étape ou phase. C'est ce que je vais tenter d'expliquer avec nos relations du 21ème siècle mises à jour.

Je pense qu'il est grand temps maintenant de nous y mettre. Mais avant, il me semble important de faire juste une petit parallèle entre les mentalités de jadis et celles d'aujourd'hui.

Conclusions :

Toutes ces phases sont vécues par les partenaires, tant hommes que femmes. Oui, oui, ceci peut paraître étrange. Ce qui différencie souvent les uns des autres, c'est que ces phases ne sont pas traversées ni de la même manière, ni à la même vitesse, ni au même moment. Il en est parfois qui se trouvent au point de non-retour alors que leur partenaire en est encore au point culminant (rare quand même),…mais ce genre de déphasage est dévastateur comme vous pouvez aisément le comprendre. Dans la majeure partie des cas, ce décalage n'est pas supérieur à une phase. Il est commun de constater que les hommes « avancent » plus vite que les femmes.

Les hommes sont à la vitesse ce que les femmes sont à l'intensité ! A méditer.

Les mentalités

Du siècle dernier :

Avant tout, n'oublions pas que le siècle dernier a marqué une évolution assez grande dans la libération de la femme, l'égalité des sexes (toujours discutable et discutée), et l'évolution des relations. Le siècle dernier a commencé peu après la construction de la tour Eiffel, époque de nos arrières-arrières grands-parents, est passé par 1968, époque de nos parents ou grands-parents, et s'est terminé juste un peu avant les attaques du World Trade Center. Quel siècle ! Pour pouvoir prendre quelques références je prendrai ici **1925**, en pleine époque de Charleston mais avant la crise économique mondiale de 29, et **1980**, bien après les révolutions de 68 et au lendemain de l'époque disco de John Travolta et des Bee Gees.

En 1925, le couple était essentiellement formé et scellé devant un prêtre. La notion de « jusqu'à ce que la mort nous sépare » avait toute son importance, et le divorce n'était *pas* une option. Les couples étaient souvent arrangés par les parents, choisissant pour leur fille ou leur fils un(e) partenaire de bonne famille. Les mariages se célébraient souvent pendant l'adolescente (17-20 ans), et l'homme devenait la « tête de famille » (qui ne veux pas dire qu'il en était l'intelligence !) Il décidait tout vu que c'était lui qui rapportait l'argent à la maison. Le rôle de la femme était exclusivement réservé à l'éducation des enfants, la propreté du foyer et la préparation des repas.

Le mariage était la seule possibilité tant pour la femme que pour l'homme de sortir du cocon familial, il signifiait aussi le plus souvent la mise en ménage, d'où cette image de mariée prise à bras par son mari et qui passent ensemble la porte de leur nouvelle maison (comme c'est romantique !). La femme avait rarement droit de parole, sauf dans certains cas où face à un mari « faible » elle prenait le dessus (d'où l'expression *porter les pantalons*). Mais jamais, au grand jamais, on ne parlait de divorce. Le serment de l'église était appliqué à la lettre, *pour le meilleur ET pour le pire.*

A l'époque, on se mariait par raison, qui était la fondation même du couple.

Comme les unions étaient scellées *ad vitam aeternam*, aucun effort n'était prodigué afin de conserver la bonne marche du couple. C'est ce que j'appellerai plus loin le « définitivement acquis », là où vous sentez et savez que quoi que vous fassiez votre partenaire restera toujours à vos côtés. Dans ces relations prédominait le machisme, dans le sens où la seule parole masculine comptait ou faisait foi. Les filles étaient élevées en parfaites maîtresses du logis et apprenaient depuis leur plus tendre enfance à cuisiner et nettoyer la maison, tandis que les garçons subissaient moins de contraintes. L'éducation sexuelle des enfants était inexistante, mais hélas il faut bien l'avouer, à l'image de l'expérience de leurs parents. Il y avait bien entendu du sexe entre les parents, sinon les enfants n'existeraient pas et notre espèce serait déjà éteinte, mais il n'y avait aucune recherche. A l'époque le sexe était pratiqué par les hommes, subi par les femmes pour qui la notion de plaisir était illusoire.

Les relations homosexuelles étaient bannies du spectre social.

Le fin de la relation n'était pas concevable, et si dans quelques rares cas elle survenait, elle représentait l'échec d'une vie entière où la femme était considérée comme « légère » voire prostituée, et l'homme un « coureur de jupons». Pour ces deux personnes divorcées il était très difficile et même souvent impossible de « refaire sa vie ».

En 1980, heureusement les choses ont changé. Grâce aux révolutions de 68 et multiples tentatives de mise à égalité de la femme, elle est en droit maintenant de réclamer le plaisir dans l'acte sexuel. Le divorce est devenu au fil du temps une procédure de plus en plus courante quand le mari ne répond pas aux demandes de sa femme (respect, attentions, tendresse, etc…). Les couples se forment à leur gré et très souvent notre partenaire est imposé à nos parents, qu'il leurs plaise ou non. Nous avons le choix de l'hétérosexualité ou l'homosexualité, et cette dernière est de plus en plus acceptée par la société, mais tout prends son temps. Je suppose qu'il faudra encore quelques décennies pour pouvoir clamer haut et fort une relation homosexuelle sans être ni jugé ni critiqué.

Le mariage est encore représentatif de « sérieux » et officialise un couple dans la majeure partie des cas, alors que l'acte civil fait le reste dans l'ombre. La femme, bien qu'encore souvent dépendante physiquement de son mari s'est fortement émancipée. Elle a gagné le droit de dire « zut » à et celui de demander le divorce si son conjoint ne lui apporte plus ce qu'elle demande. Le mariage n'est plus un prétexte pour sortir de l'emprise familiale car le phénomène de concubinage est en vogue, et il devient même à un certain moment ringard ou démodé de sceller nos accords devant l'église. Mais ceci redeviendra une « valeur sûre » au 21ème siècle !

A l'époque, on se mariait parfois par raison, souvent par tradition, et parfois par amour. Les fondations du mariage n'étaient pas claire, chacun allant de sa petite idée.

L'adultère a fait son entrée et est en train de suivre sa procédure d'acceptation sociale. Encore décrié et même puni dans les procédures de divorce, il est néanmoins de plus en plus courant. Souvent masculin au début, il s'introduit lentement chez la femme en manque de douceur. Alors que l'adultère pratiqué par l'homme ne signifie en rien la volonté de fin de relation, chez la femme il en est souvent l'antichambre.

Il devient fréquent que les couples aillent voir des spécialistes ou suivent dès thérapies. Il semblerait que ce phénomène soit plus facilement attribuable à la peur de se faire « voler » son conjoint par la « concurrence » que par la volonté même de s'améliorer en tant que personne au sein du couple. Mais bon, on peut quand même saluer la démarche ! Les femmes élèvent leurs garçons pour en faire des hommes respectueux dans l'égalité des sexes. Les filles sont quant à elles élevées avec plus de caractère et un niveau d'exigence plus élevé. L'éducation sexuelle des enfants n'est pas toujours de bonne qualité mais certainement plus imagée qu'au début du siècle.

La fin de la relation est tout à fait envisageable. Elle est condamnée par certains (conservateurs), et applaudie par d'autres à l'esprit plus moderne. De plus en plus les gens apprennent à vivre seul(e)s sans vraiment y parvenir. Les agences matrimoniales fleurissent comme des champignons, en relation directe avec le nombre croissant de divorces. Les raisons qui amènent le couple à la séparation sont de moins en moins évidentes, mais de plus en plus présentes.

Parallèlement à la libération sexuelle exponentielle, le SIDA fait son entrée et refroidit (oserais-je dire pour le bien ?) les élans démesurés de beaucoup. Certains réseaux de rencontres sporadiques se développent, soit par Minitel (ancêtre d'internet pour les novices) ou encore par *Hotline* (services téléphoniques aux prix abusifs), et encouragent une vie parallèle à la traditionnelle routine du couple. L'adultère se décuple en une seule décennie. Entre 1975 et 1985, le nombre de divorces a doublé alors que le nombre de mariages a chuté de 30%. Ceci veut dire que de 1 mariage sur 6 qui divorce en 1975 nous sommes passés à 1 sur 4 en 1985 (et à 1 sur 2 en 2010).

La fin de la relation représentait l'échec de celle-ci. La connotation « divorcé(e) » passait mal. On parlait même d'hommes ou femmes de « seconde main » ou « d'occasion » en poussant la plaisanterie jusqu'à peu ou beaucoup de « kilomètres » ! Ces personnes éprouvaient quelques difficultés à retrouver un(e) partenaire, devant d'abord faire leurs preuves, un peu comparable à l'ancien condamné qui essaye de retrouver un boulot.

De ce siècle :

Je l'ai dit juste avant,…un mariage sur deux se conclut par un divorce. La vulgarisation du phénomène pourtant à la mode n'en enlève pas sa connotation négative. Nous vivons au rythme des familles recomposées. Enfants d'un premier voire d'un second mariage, et un bébé dans le ventre de la troisième maman ! Je n'envie certes pas la tâche des notaires qui doivent départager les biens lors d'une succession !

Nous vivons dans une société sexuellement libérée. Grâce à l'explosion du net, les réseaux de rencontres se sont multipliés, et certains sont même très explicites. La plupart des « chercheurs » sont encore masculins, mais on voit arriver avec force les femmes en quête d'un amant (d'un soir ou d'une vie) qui soit aussi un bon coup au lit. L'homosexualité est de plus en plus acceptée de par le simple fait qu'elle se retrouve à nos portes et que nous n'avons pas vraiment le choix. Néanmoins, ce n'est pas parce qu'elle est acceptée qu'elle est considérée comme « normale » par la majorité. Il faudra hélas encore quelques décennies, et sans doute un engouement plus important afin que ce type de relation soit totalement reçu et intégré dans notre société.

Le mariage n'est plus du tout une porte de sortie de l'enclave familiale. Les jeunes quittent le nid dès leurs études terminées, ou quand ils veulent bien (phénomène Tanguy). Le mariage reste une institution qui fait rêver les jeunes filles, et la robe blanche conserve son effet magique, par contre ce dernier n'emporte plus les suffrages universels. Il semblerait que contrairement au siècle dernier les seuls heureux d'un tel événement soient les mariés eux-mêmes, et éventuellement leurs parents. Alors qu'il était courant par le passé de percevoir l'admiration dans les yeux de toute jeune fille qui assistait à la cérémonie, aujourd'hui chacune en va de sa propre idée sur la chose. Il arrive aussi que certains parents demandent à leurs enfants *pourquoi* ils se marient ! Ceci me rappelle une citation : *Je me souviens où et quand je me suis marié, ce dont je ne me souviens pas, c'est pourquoi !* Et oui, la grande question de ce siècle à propos de cette noble institution est le fondement de celle-ci. Un nouveau candidat au moment de l'annonce de son mariage à ses amis recevra aujourd'hui 5 commentaires rassurants, contre 20 alarmistes.

Aujourd'hui, alors que la raison n'est plus le motif, et que les traditions se sont perdues pour la majorité, les seuls candidats au mariage le font majoritairement par amour.

L'adultère est aujourd'hui considéré comme fréquent ou normal dès lors que deux personnes ne s'entendent plus vraiment. Il est courant que des couples se recomposent virtuellement avant que les protagonistes se séparent. Il se pourrait que dans cette manière d'agir on retrouve pour certains la peur de la solitude. C'est quand on a un amant « confirmé » que l'on annonce à son mari que l'on veut divorcer.

Il faut dire que le célibat a aussi des connotations négatives, et il est même courant d'en changer les noms afin de diluer les effets saboteurs de l'annonce ou de l'état. Rester seul est souvent considéré comme un échec relationnel….. Ce sont ceux qui ne vivent pas seuls – probablement parce qu'ils ne le pourraient pas – qui ont la vision la plus négative de la solitude.

La fin de la relation, même si elle est socialement acceptée voire encouragée par notre entourage, n'en reste pas moins une épreuve de déconstruction qui va à l'encontre de nos propres valeurs,…et il faut bien le dire, de celles de la société.

Conclusions :

Faire un parallèle entre ces trois périodes est chose assez facile, et ne ferait pas beaucoup avancer notre sujet si on n'en venait pas à résumer les principales différences afin d'y voir plus clair.

En 1925, les fondations du mariage sont la raison, pas l'amour. La tradition on n'en parle pas puisque le choix d'un autre type d'union est inexistant. Si l'amour est une choses plus ou moins éphémère, la raison, elle, ne change pas. On ne divorce que très rarement, et celui-ci est considéré comme un échec.

En 1980, les fondations du mariage sont multiples et peuvent même diverger au sein d'un même couple. *Et toi, pourquoi tu te maries ? Pour porter la robe que ta mère n'a jamais eu ou pour faire revenir ton con de père ?* demande le fiancé à la fiancée dans le film *Mariages.* Les rares couples dont le mariage est fondé sur la raison survivront aux tempêtes, ceux basés sur la tradition résisteront tant bien que mal, alors que ceux basés sur l'amour sont les plus fragiles. Les divorces se prononcent de plus en plus, et ceux-ci sont considérés comme des échecs.

Ce siècle, Les fondations du mariage (ou de toute union) en sont réduites principalement à l'amour. Hors l'entretien de celui-ci nécessite des efforts constants afin de ne pas tomber dans les pièges tendus par notre société moderne. La séparation est encore considérée comme un échec.

Le « *pourquoi* » des relations a évolué, et on s'unit aujourd'hui principalement par amour, alors qu'avant on le faisait par raison. Hors, nous l'avons vu, pour un couple qui n'a d'autre choix que de rester uni et que cette union est un acte de raison, son entretien n'est pas nécessaire. Quand c'est l'amour qui est la fondation de l'union, cela demande des efforts constants afin de ne pas tomber dans la monotonie et l'ennui, une fois la phase adultes responsables atteinte.

Quant au mariage par tradition il est à mon sens une erreur qui ne trouve sa justification que dans le regard des autres. Parfois *les autres* sont simplement nos parents. *Le grand bonheur de mon papa serait de m'amener jusque devant le prêtre !* On se marie pour faire plaisir à papa et maman, ou pour faire « bien », mais au fond de nous, qu'en est-il vraiment ?

Pourtant, on devrait se réjouir d'avoir gagné autant avec l'évolution de notre société car aujourd'hui on se marie principalement par choix et par amour. Feu ces « pressions » externes de la famille ou la société, feu ces mariages de raison, aujourd'hui on s'unit pour le simple et unique motif que l'on s'aime ! Ce qu'il nous reste à apprendre, c'est que l'amour sur lequel nous fondons nos relations et nos unions est une chose qui évolue – vers l'apogée ou vers la destruction – mais qui évolue inexorablement.

Si nous acceptons volontiers le fait que l'amour évolue chez chaque personne suivant le schéma expliqué dans le chapitre précédent, alors j'ai une grande question à vous poser !

Pourquoi considérons-nous encore aujourd'hui que la fin d'une relation est un échec, si celle-ci est basée sur l'amour, et que l'amour vient et s'en va ?

Avant de clôturer ce chapitre, je voudrais vous parler de statistiques. Si nous trouvons énorme qu'au jour d'aujourd'hui un mariage sur deux s'effondre, il faut aussi comprendre qu'un mariage sur deux est une réussite ! Quand les chiffres font état d'un alarmiste taux de 10% de chômeurs, allez aussi comprendre que 90% des gens travaillent. C'est le principe du verre à moitié vide ou à moitié plein.

Maintenant, le ou la célibataire se promène avec un *post-it* collé sur son front : *échec* ! Elle est comparable à l'étiquette de *chômeur* sur le demandeur d'emploi. On sait bien que les personnes qui ont un emploi sont les plus enclines à en trouver un autre. Alors que les états s'évertuent à coups d'aides à réintégrer dans un « circuit de travail » ces chômeurs, les célibats, eux, ne peuvent compter que sur leurs amis.

Hors, il y a un autre facteur aggravant, c'est que le nouveau célibataire (masculin ou féminin) a tendance à perdre ses couples d'amis pour différentes raisons souvent dépourvues de logique. Peur que Marc devenu célibat ne vienne draguer votre femme. Peur que Fanny fraîchement divorcée ne fasse des avances à votre mari. Pas envie que Fabienne, la célibat qui s'ennuie à mourir, nous demande de sortir. Etc....

Les célibataires, nouveaux ou endurcis, forment ainsi des troupeaux à l'assaut des bars endiablés les vendredis soirs. Ils s'amusent entre eux alors que personne en couple ne peut les comprendre. Ils développent leur propre langage, parfois s'unissent l'espace d'une nuit et se défont le lendemain. Bref, tout célibataire livré à lui-même un temps ne peut que s'endurcir, aidé par ses compatriotes de sorties. Se retrouver prochainement en couple ? Ils en ont presque tous envie, mais aussi peur à la fois. Le couple signifierait la fin de la vie de célibat, la fin des sorties, et la fin des amis du vendredi.

Ce que j'aimerais expliquer ici, c'est qu'il existe plusieurs mondes dans notre société, et que ceux-ci ont du mal à se mélanger. Il y a les homosexuels d'un côté, hommes et femmes, ils se comprennent entre eux mais ne sont pas forcément amis, leurs lieux de rendez-vous sont différents. Il y a les gens en couple et les célibats où les uns ne comprennent pas les autres alors que mutuellement souvent ils s'envient. Les célibats rêvent d'être en couple, et celui ou celle qui est en couple rêve parfois (ou souvent !) de célibat. Mais ces deux mondes n'ont pas les mêmes habitudes. Et puis il y a les « ouverts d'esprit » ou les « libertins » qui eux aussi ont leurs propres codes et endroits. Certains sont bisexuels, d'autres pas. Etc… Etc…

Kath Beaufort

Les nouvelles relations

Nous avons fait le tour. Les nouvelles relations de ce nouveau siècle (et millénaire) ont beaucoup évolué, et pardonnez-moi de vous le faire remarquer,…dans le bon sens !

Voudriez-vous retourner un siècle en arrière et vous marier par raison avec un beau parti choisi par vos parents ?

Voudriez-vous retourner ne fusse que trente ans en arrière pour vous apercevoir que votre conjoint s'est marié avec vous pour faire plaisir à ses parents ou pour être socialement « dans la norme » plus que par amour ?

Nous vivons une époque formidable.

Internet est un catalogue énorme et sans frontières qui nous permet d'en savoir un bout sur la personne avant même de la rencontrer. Au sujet des « frontières » je voudrais vous préciser que tout est relatif, il y a un siècle elles se situaient à la sortie du village, et il y a cinquante ans, juste à la sortie de votre département ou province.

Vous tournez les pages, et apparaissent des hommes plus beaux les uns que les autres (ou des femmes). Vous pouvez choisir librement votre sexualité, et si vous ne vivez pas en campagne, l'afficher (pour la campagne, il faudra encore un temps d'adaptation à ce genre de choses !).

Nous vivons dans une époque où, au niveau relationnel, nous pourrions appliquer un slogan du Club Méditerranée,… *le bonheur, si je veux !*

Au plus on avance, et au plus les différents groupes commencent à s'accepter ou font l'effort de comprendre l'existence de personnes aux mœurs différents, ce qui en soi est déjà tout un accomplissement. Nous ne sommes plus dans la phase de déni, mais d'acceptation. Il faudra encore quelques décennies à mon avis avant qu'un homme du fin fond d'un village perdu puisse dire ouvertement et naturellement à ses amis du bistro de la poste qu'il est bisexuel, mais cela va dans le bon sens ! Les mentalités évoluent des villes vers les campagnes. Si vous êtes différents à la « norme », sachez qu'en ville vous rencontrerez une meilleure acceptation. Parfois même encore aujourd'hui dans nos régions reculées, une femme célibataire et indépendante est mal jugée et cataloguée de manière non réjouissante.

Des types de relations il y en a des dizaines. De la relation hétérosexuelle normale et courante, avec mariage ou non, à la relation homosexuelle, pacsés ou non, en passant par la bisexualité, les ami(e)s qui couchent parfois, les échangistes, les trios, les familles recomposées, des couples homosexuels avec enfant d'un premier mariage ou adoptifs, des couples de couleurs différentes, d'âge différent, de religions différentes, et on continue à l'infini. Tous ces couples du troisième millénaire évoluent par groupes sociaux et « concubinent » modérément, plus aisément dans les grandes métropoles, certes.

Le but de ce livre n'est pas de décrire chacune de ces possibilités. Vous êtes assez grands pour le faire par vous-mêmes, et de plus je pense que j'omettrais certains groupes. Pourtant, parmi toutes ces différences sociales, sexuelles, religieuses, ethniques, les relations de ce siècle ont presque toutes un point en commun : L'amour !

Oui, l'amour ! Grand mot pour de grandes choses !

Mais avant et pour être juste, il me faut écarter une toute petite minorité de relations qui encore aujourd'hui se font par raison, je citerai le papi qui marie une femme pauvre de 40 ans sa cadette qui est à la recherche d'un passeport européen. Le papi le fait par désir de chair fraîche qu'il lui est désormais impossible d'obtenir dans son pays. La jeunette le fait motivée par un rêve d'une vie meilleure hors de son pays. C'est un mariage de raison (et il y a forcément mariage dans ce cas) qui tiendra tout le temps que les deux personnes s'en tiendront à leurs accords : Qu'elle reste fraîche et souriante (ce qui est assez facile car elles arrivent très jeunes !), et qu'il lui offre une vie plus agréable que dans son pays d'origine. Il y a hélas dans ces cas un haut risque de « mariage gris », qui signifie qu'une fois madame en règle dans le pays hôte, le papi ne sera plus le seul à pouvoir offrir ce que la jeunette demande, d'où divorce quasi assuré. Il fallait le dire, retournons à nos moutons.

L'amour est aujourd'hui la base de la relation, dans la très grande majorité des cas. L'amour (nous l'avons vu plus haut) est une manifestation qui vient et va, qui surgit et disparaît, qui monte et puis descend, qui grandit et diminue, etc... Il y a donc un cycle dans l'amour, et pour peu que l'on n'y prenne garde, le déclin nous attend au tournant. Comme l'amour est aujourd'hui la base même de la relation, celle-ci répond aux mêmes normes. Avec des hauts et des bas. En fait, au plus nos relations ont été basées sur l'amour, au fil du temps, et au plus nous avons été soumis à ces règles inexorables.

C'est pourquoi les statistiques du divorce se sont enflammées. Aussi longtemps que la base de la relation existe, il n'y a pas de logique pour que celle-ci flanche. Que ce soit la raison ou l'amour, ou même la tradition qui ait été « choisi » comme fondement pour la relation, dès la disparition de cette assise, la relation est en danger.

Je me répète assez souvent dans ce chapitre, mais il est important pour vous de comprendre qu'une relation est un « contrat » avec ses raisons et ses clauses. Aussi longtemps que les deux parties trouvent ce qu'elles cherchent (ou attendent), il n'y a pas de motif de dissolution. Quand une des deux personnes ne trouve plus ce qu'elle poursuivait, la relation est à son point d'inflexion, et le déclin commence. Si l'union était motivée par la raison, c'est la disparition de celle-ci qui engendrera la chute. Si le mariage était stimulé par la tradition, il est en danger dès la nuit de noces passée. Si c'est l'amour qui incite à l'union, alors c'est la disparition de celui-ci qui mènera le couple à l'agonie.

Il est indispensable de comprendre que dans tout accord, union, couple, mariage, contrat, pacte, etc… <u>une seule personne</u> suffit pour en finir. Hors, nous l'avons vu dans un chapitre précédent, nos cycles, et notre évolution avancent à un rythme différent (souvent en vitesse pour l'homme et en intensité pour la femme). L'homme sort généralement « gagnant » d'une relation car il se trouve dans un stade plus avancé (vers la droite) que sa conjointe. Au niveau de l'homosexualité, ce déséquilibre ne devrait pas exister, bien qu'il y ait toujours une personne plus féminine ou plus masculine que l'autre.

Prise de conscience

Avant de reprendre phase par phase les différentes étapes des nouvelles relations, nous devons nous arrêtez le temps qu'il faudra, afin de préciser ce point qui à mon sens est le plus important de ce livre.

La prise de conscience.

Au jour d'aujourd'hui, nos relations son essentiellement basées sur l'amour, l'envie d'être ensemble, de partager des moments, de fonder une famille, acheter une maison, une voiture, un chien. Nous avons cette grande chance de vivre et d'évoluer dans ce nouveau siècle et millénaire qui bouge beaucoup. La libération des années 60-70 était un pas franc et déclencheur de ce que nous vivons aujourd'hui. Nous pouvons prendre notre pied, quelle que soit notre sexualité, tout est possible. Quant à déclarer nos préférences ouvertement, certaines choses sont maintenant acceptées, d'autres pas mais le seront bientôt. La machine est en route, ne reste qu'à évoluer avec elle, et tout ira dans meilleur des mondes. Évoluer avec elle veut dire que si par exemple (et seulement à titre d'exemple), vous avez des pulsions homosexuelles, vous devez accepter l'homosexualité chez vos proches (frères, sœurs, enfants, voire parents !). L'ouverture ne passe pas seulement par votre comportement physique, mais aussi moral. Pour que les autres acceptent, vous devez accepter, sinon vous vous enfermerez dans un « monde » duquel il est impossible de sortir gagnant. L'évolution, c'est pour ceux qui bougent ensemble. Il y en aura toujours de ceux qui préféreront rester derrière, ils vivront alors décalés de la réalité, et probablement frustrés.

Prendre conscience, ce n'est pas seulement de l'évolution de notre société, ou même de faire partie de cette évolution, mais de nous rendre compte que si certaines choses ont changé, notre mentalité doit évoluer avec. Tout comme dans l'exemple de l'homosexualité ci-dessus, avoir une pulsion homosexuelle ne suffit pas (beaucoup en ont depuis longtemps), il faut aussi accepter celles des autres. Vous ne pouvez pas en secret rêver de coucher avec un homme et en société critiquer les « tapettes ». Si je prends l'exemple de l'homosexualité ici, c'est parce qu'il est très facile de l'imager et de le caricaturer. Nous, ce qui nous importe, ce sont les relations, alors je vais faire le parallèle.

Si nous acceptons avec joie qu'aujourd'hui nos relations sont librement fondées sur l'amour, et c'est une très noble idée, nous devons aussi moralement accepter que notre relation suive les règles de l'amour. Et que dans l'amour, il y a différentes phases que je pourrais décrire presque comme les phases de la relation. Quand je décrivais chaque phase dans le chapitre *les cycles de la relation*, en fait c'était emprunt de 50% d'amour, et de 50% de social, ce qui était représentatif de nos relations en 1980. Quand j'ai dit que certains mariages (ou unions) étaient basés sur l'amour, d'autres sur la raison ou la tradition, il faut comprendre que chaque union à ce moment comprenait un pourcentage de ces trois choses. Il n'y a pas de noir ou de blanc absolu, une relation de l'époque pouvait bien être à 50% amour, 25% tradition et 25% raison. Une autre à 70% tradition et 30% amour. Une autre à 80% amour et 20% raison, etc... etc... Ce qui rend les choses compliquées quand on se penche sur les raisons de la séparation.

Alors on se raccroche sur ce qui est le plus visible et simple, l'adultère, sans même se poser la question du *pourquoi* il y eut adultère. Je ne critique pas cette manière d'avancer dans la vie qui peut être le propre d'une majorité, mais alors je me permettrai de poser la question suivante : si nous apprenons de nos erreurs pour évoluer, ne faudrait-il pas d'abord pouvoir les localiser ? En se basant sur l'adultère pour cause de divorce, on n'a rien compris. Il est certes le détonateur de la rupture définitive dans bien des cas, mais l'adultère est la conséquence d'un malaise ! Ne pas identifier ce malaise (volontairement ou involontairement) nous expose à la même souffrance dans le futur, et aussi à la conclusion probablement erronée que *tous les hommes sont des salops* !

A méditer !

Notre chance aujourd'hui, c'est de vivre des relations qui sont majoritairement basées sur un amour réciproque. Bien entendu il faut en payer un prix, celui de la fragilité de ces fondations. Encore une fois, si je dis que *majoritairement* nos relations sont basées sur l'amour, a part les quelques exemples de mariages de raison ou de tradition, cela veut dire que dans tout mariage (ou union) d'amour il reste encore un pourcentage de ces autres valeurs. Un bon facteur pour déterminer le pourcentage est l'officialisation civile ou religieuse de l'événement.

Si nous prenons un exemple d'une relation basée sur 75% d'amour et 25% de tradition (pour faire plaisir à papa, maman et à la mariée), on le célébrera à l'église. Si le mariage était de 75% d'amour et 25% de raison, on l'officialiserait à la mairie et surtout sans contrat de mariage (donc communauté des biens !). Si un mariage était de 90% amour et 10% tradition, on le ferait à la mairie sous le régime de la séparation des biens, et la mariée mettrait la belle robe blanche pour faire plaisir à ses parents, ou encore on déciderait d'habiter ensemble sans se marier mais organiserait une petite fête entre amis et famille. Les unions qui sont basées sur 100% d'amour sont celles qui décident simplement d'habiter ensemble sans autres chichis. Cette analyse est un peu simpliste et devrait être appliquée au cas par cas, pays par pays, religion par religion. Je vous l'ai dit dans la préface de ce livre, je ne vous donnerai pas de solutions, sinon que des exemples (outils) que vous pourrez mettre en pratique, ou des questions que vous pourrez vous poser afin de comprendre les choses. Comprendre les choses vous permettra d'évoluer et de ne pas répéter les mêmes erreurs, mais aussi de déceler à temps les détails qui vous feront douter d'un partenaire qui n'est pas à votre image, ou encore de comprendre qui vous êtes et ce que vous voulez vraiment.

Le problème que je vois dans ces pourcentages, majoritairement amour, puis quelques pour-cents d'autre chose, c'est que quant cette autre chose disparaît il faut la compenser. Hors l'amour n'atteint son point culminant qu'une fois, et par logique le point culminant fait déjà partie du passé. Le seul moyen de renforcement de cet amour est dans l'amitié avec votre conjoint, mais cela demande beaucoup de force.

Donc, pour en revenir aux relations qui aujourd'hui sont majoritairement basées sur l'amour, waw ! La prise de conscience, c'est d'en accepter le prix à payer, et le prix à payer c'est la fragilité.

Voilà, plutôt que d'écrire un livre j'aurais pu essayer de faire une citation pour vous la coller sur votre réfrigérateur ! Çà fait gagner du temps, mais hélas cela ne sert pas à grand-chose. Je suis sûr que si vous lisez ce livre, vous avez déjà des citations gardées ou affichées chez vous. C'est pas le tout de les lire, de les relire, si vous ne les appliquez pas cela ne sert à rien, juste à faire beau quand les amis viennent. Si c'est la décoration à bas prix qui vous intéresse, achetez-vous donc une belle bougie chez Ikea, et surtout allumez-la, sinon ceci non plus ne sert à rien.

Si vous lisez ce livre comme un roman, sans ressentir le besoin de l'assimiler, sans avoir été obligé(e) de relire trois fois une même phrase pour comprendre ce que je voulais dire, alors arrêtez de suite. Ou bien achetez vous des livres de cuisines, ils sont aussi utiles qu'un livre de psychologie quand vous ne pratiquez pas. Tous les livres sont du bla-bla si vous n'essayez pas de les comprendre ou d'appliquer ne fusse qu'un dixième de ce qu'ils racontent. Ne vous faites pas l'affront de lire ce bouquin comme un roman, car il serait bien meilleur pour allumer un feu. Maintenant, c'est un allume-feu qui coûte cher, je l'avoue !

Voici un extrait de description de l'amour chez Wikipedia :

L'amour désigne un sentiment d'affection et d'attachement envers un être ou une chose, qui pousse ceux qui le ressentent à rechercher une proximité, pouvant être physique, spirituelle ou même imaginaire, avec l'objet de cet amour, et à adopter un comportement particulier (plus ou moins rationnel) en conséquence.

Je ne vais pas décortiquer cette définition car elle est assez complète. J'aime le « plus ou moins rationnel » ! Il y a néanmoins une chose importante qui attire l'œil dans cette description, c'est que l'amour peut être porté sur une personne ou une chose. Voyez là une salvation ! Car si on peut comprendre le verbe aimer, et le conjuguer (je t'aime, tu m'aimes, il m'aime,... !), on peut aussi tomber d'amour pour une chose, voire plusieurs. J'y reviendrai !

Comme je disais plus haut, l'amour est fragile, et c'est le prix à payer dans nos nouvelles relations car elles sont essentiellement basées sur ces caractéristiques. Ce qui veut dire concrètement que la relation emprunte les sentiments de l'amour et qu'elle en subit les conséquences. C'est comme cela que l'on voit naître la possessivité dans la relation, car l'amour est souvent possessif. La relation peut devenir passionnelle, amicale, etc…

Bref, tout ce que l'amour est, la relation l'est.

C'est de cette manière qu'elle a son point de départ, sa montée, son apogée, sa chute, sa fin. Nous sommes des être évolutifs, et nos sentiments sont des parties qui subissent ces évolutions. Il nous est impossible d'aimer la même chose toute une vie de la même manière. Quelque chose changera, que ce soit l'intensité, la manière ou la force, les sentiments évoluent. Donc notre relation évoluera aussi dans des proportions similaires puisqu'elle en dépend. Aussi simple que çà.

Alors, comment faire pour traverser les tempêtes ? Il serait tellement compliqué d'apporter une solution à chaque cas, tellement aléatoire de se baser sur telle ou telle conclusion. Ce qui sûrement nous fera avancer, c'est d'assimiler le fait que si la relation d'aujourd'hui est basée essentiellement sur l'amour, son évolution en sera étroitement liée.

Assimiler ce fait, c'est aussi l'accepter. Accepter que dans cette nouvelle relation que vous commencez aujourd'hui, il y aura une évolution, et que cette évolution n'ira pas toujours vers le haut. Accepter qu'il y aura une chute voire une évolution vers la destruction, et que la fin de la relation est tout aussi envisageable que le fait d'envoyer votre nouvelle voiture achetée aujourd'hui à la casse un jour, car un jour elle y finira. Il n'y a rien d'éternel dans notre monde. Tout ce que vous achetez ou possédez se brisera un jour. C'est tellement romantique de penser à l'amour éternel « *ils s'aimèrent et eurent beaucoup d'enfants* » comme on peut entendre dans tout beau film produit par *Walt Disney* ! Mais autant vous faire à l'idée du contraire, car si même vous vous trompez, vous gagnerez. Vous achetez cet adorable Cocker aujourd'hui, préparez vous à sa mort, car elle surviendra très probablement avant la vôtre. Je n'ai pas dit qu'il fallait vivre en pensant à sa mort tous les jours, je demande simplement à ce que vous ayez un peu plus de lucidité pour comprendre qu'il est logique qu'un jour vous le perdiez. Tout comme il est probable qu'un jour cette fantastique relation avec ce super mec arrivera à une fin. Mais ne vous tracassez pas, cette fin sera probablement liée avec la fin de l'amour, donc c'est ok !

Et bien non, ce n'est pas ok ! Ce n'est ok que si vous vous y préparez et que si vous ouvrez grands vos yeux et vos oreilles.

Si vous assimilez que cette nouvelle relation aura une fin, que cette fin sera étroitement liée au désamour, vous êtes alors sur le bon chemin. Mais (il y a toujours un mais !), il vous faudra être vigilant(e) afin de ne pas vous accrocher à un amour en phase de déclin. Il faudra aussi évoluer dans cette relation (et cet amour) à la même vitesse que votre conjoint, voire plus vite !

Vous vous souvenez quand je parlais que les hommes étaient plus rapides, et les femmes plus intenses, ce qui en faisaient généralement des « perdantes » ? C'est ici qu'il faudra apprendre, mesdames, à aller de l'avant. Il ne s'agit pas de considérer ce nouvel amant comme une passade, mais simplement comme une histoire qui vient puis s'en va. Et encore une fois, si vous vous trompez, que cette aventure vient et reste, alors « *que du bonheur* ». Si vous le sentez partir, éloignez-vous. La typique erreur c'est le « *fuis-moi je te suis* » ! Il est fréquent que lorsqu'un membre du couple s'éloigne l'autre se rapproche (la théorie de l'élastique). Quand il s'agit d'un jeu, tout va bien. Par contre quand on parle des sentiments d'amour, des vrais, cela fait mal, surtout quand l'élastique se rompt ! Des décennies que nous nous battons pour l'égalité, la théorie c'est bien, mais la pratique c'est mieux. Alors quand il s'éloigne, il faut nous éloigner aussi. Il est d'ailleurs probable que son éloignement soit dû à un besoin de solitude, alors il faut en profiter pour faire ces choses qu'on a oubliées depuis longtemps.

La prise de conscience c'est accepter que cette relation a un début et une fin. Que si elle va irrémédiablement vers la fin (phase de déclin), alors il vaut mieux l'accompagner pour « en finir » au plus vite. La phase de déclin, et encore plus après le point de non retour, c'est quand on commence à reprocher tout à l'autre (ou parfois aussi à soi-même) alors que l'on n'a absolument rien compris des raisons de cette phase.

Quand votre vieille voiture vous coûte plus en entretien que ce que vous coûterait une neuve, vous n'hésitez pas une seule minute, vous en changez. Quand votre relation vous coûte plus d'énergie que le bonheur qu'elle vous apporte, vous ne voulez pas en changer.

Dites-moi, où est l'erreur ?

L'espoir peut-être ? L'espoir qu'il vous aime et qu'il va changer ? L'espoir que l'autre va prendre conscience ?

Notre grand problème, c'est d'oublier la logique quand les sentiments sont liés. Nous le savons tous, nous sommes tiraillés entre les décisions du cœur et celles de la tête. Alors que notre raisonnement logique voudrait une chose pour nous protéger, notre cœur est là et ne lâche pas prise. Ces deux pensées vont à l'encontre l'une de l'autre. Généralement les décisions de cœur sont celles qui vous font vivre intensément, mais aussi souffrir intensément, alors que les décisions rationnelles sont là pour limiter votre souffrance, mais la plupart du temps vous empêchent de vivre intensément. Dans ce conflit, vous pouvez facilement vous poser cette question : mais alors qui suis-je ? Vous êtes l'action qui résulte de ce conflit interne. Ne faites pas l'erreur de penser que vous êtes ce que vous pensez, car alors vous vivrez dans votre tête. Ne faites pas non plus l'erreur de dire que vous êtes ce que vous ressentez, car vous naviguerez quelque part entre les nuages et le fond des océans, selon la « météo », entendez : suivant l'humeur de votre conjoint.

Vous êtes ce que vous faites.

Beaucoup de personnes croient aussi qu'elles sont ce qu'elles disent, hors, elles ne se rendent pas compte qu'elles sont dans l'erreur. Dire une chose et ne pas la faire est un manque de cohérence, son apogée pourrait même s'appeler le cynisme. Beaucoup de personnes sont prises dans ce piège de l'incohérence, et il est fréquent que par faiblesse, des menaces soient utilisées, mais sans jamais être mises à exécution. Ce manque de cohérence, lorsqu'il est répété, mène à une perte de crédibilité, et celle-ci vous emmènera très vraisemblablement vers le fond.

Entrer dans une relation en utilisant votre intellect vous permettra d'avoir une vision lucide de celle-ci à tout moment, d'en anticiper les dérapages, et même de prendre de l'avance sur votre partenaire. C'est une relation dans laquelle vous ne souffrirez pas. C'est hélas aussi une relation dans laquelle vous ne « *vivrez* » pas. A quoi sert-il d'avoir une relation insipide ? Nous sommes tous des êtres d'amour qui ne demandent qu'à aimer (et à être aimés !). Mais si nous mettons des sentiments dans une relation, celle-ci nous entraînera dans les abysses quand elle atteindra sa phase de non retour.

Alors, que faire ?

Si nous considérons qu'une relation vient puis s'en va, que l'amour surgit puis déteint, nous avons vu qu'accepter avec la tête la phase de déclin de la relation (et de l'amour) pourrait nous permettre de mieux nous en sortir. Nous avons aussi vu que ne le faire qu'avec la tête nous empêcherait de vivre cette relation comme il se doit.

La solution ne serait-elle pas de rentrer dans une relation avec le cœur et d'en sortir avec la tête ?

Prenons l'exemple de cette si jolie petite voiture. Nous l'avons achetée avec le cœur, nous l'avons bichonnée, nous l'avons aimée. Quand elle arrive en fin de carrière, nous pensons rationnellement qu'il est plus rentable de la changer que de la garder. Qu'en est-il devenu de notre amour pour cette voiture ? Il est passé aux oubliettes. Pourquoi cette différence ?

Oh, vous pourrez me dire qu'on ne compare pas une voiture à une relation, que ce n'est pas la même chose. Mais ici je ne vous parle ni de voiture, ni de relation,…je vous parle d'amour ! Souvenez vous ce que dit Wikipedia :

```
L'amour    désigne    un    sentiment
d'affection et d'attachement envers un
être ou une chose, qui pousse ceux qui
le    ressentent    à    rechercher    une
proximité,    pouvant    être    physique,
spirituelle ou même imaginaire, avec
l'objet de cet amour, et à adopter un
comportement    particulier   (plus    ou
moins rationnel) en conséquence.
```

Personne ou chose ! On parle d'amour. Alors s'il vous plaît, revenons-en à cette voiture pour laquelle mon rapprochement avec l'amour pour une personne peut vous choquer.

Ce que vous faites avec la voiture, c'est l'acheter avec votre cœur et la vendre avec votre tête (au risque de me répéter, mais c'est pour la bonne cause !). Pourquoi alors ne nous est-il pas possible de faire la même chose avec une personne ? Je vais essayer ici de vous l'expliquer.

Quand nous donnons de l'amour à une personne, nous faisons l'erreur d'attendre de l'amour en retour, mais si cela arrive, bingo ! Imaginez que ce retour d'amour vous arrive avec un décalage, j'explique : vous tombez amoureuse d'un gars qui a tout pour vous séduire, et vous lui sortez le grand jeu (on sait tous très bien ce que ceci veut dire !). Après de longues semaines à déballer vos atouts, toujours rien en retour, vous vous fatiguez, non ? Alors vous commencez à vous séparer de lui car il n'en vaut pas la peine, et quand vous y arrivez (peut-être provoqué par l'effet élastique), c'est lui qui découvre son amour pour vous et commence à vous le démontrer. Comme vous êtes détachée et avez déjà passé le point de non retour, ses élans de tendresse vous étouffent. Là vous êtes prise entre deux choix, le laisser planté là (décision de la tête), ou lui donner une autre opportunité, décision du cœur qui peut être motivée par plein de raisons.

Par exemple il ne comprendra pas que vous lui ayez dit tant de belles choses, et que quand il vous offre son cœur vous partiez en courant. Comme vous ne voulez pas lui avouer que vous vous êtes trompée et que vous ne l'aimez plus (après avoir fait tant de foin sur la beauté, la pureté et la notion éternelle de votre amour), vous décidez de rester avec lui. Votre décision est motivée par votre orgueil, celui de ne pas avouer vos erreurs, ou vos

« manipulations » car vous êtes peut-être allée un peu loin quand vous sortiez le grand jeu.

Cet état d'âme n'aura pas lieu avec votre voiture. Vous pourrez même lui dire : *Je t'ai aimée à la folie, mais aujourd'hui tu deviens vieille et je ne t'aime plus.*

Vous pourriez aussi dire à votre conjoint la vérité pure et dure, en le regardant dans le blanc des yeux, qu'à force d'attendre vous vous êtes fatiguée et que vous ne voulez plus de lui (rejet de responsabilité). Ceci se rapproche sensiblement à l'exemple de la voiture, mais que pensera-t-il de vous ? La bonne question serait : ce qu'il va penser de moi et raconter aux autres a-t-il une influence sur ma vie ? Si la réponse est oui alors il est probable que vous donniez un sursis à cette relation, le temps de trouver une autre excuse pour la terminer, et ainsi protéger votre petite personne du « qu'en dira-t-on » !

La vérité vraie, et qui ne sera probablement jamais évoquée, est quelque chose comme ceci : *J'ai vu en toi l'homme de ma vie, je t'ai sorti le grand jeu pour que tu tombes amoureux de moi mais cela n'a pas marché, j'ai eu l'impression de perdre mon temps alors je me suis détachée de toi, et au moment où j'avais décidé que ce serait fini tu débarques avec ton amour. Je ne sais pas quoi en faire puisque je ne t'aime plus. Je suis désolée.*

Ah, si on pouvait tous être aussi honnêtes, cela nous simplifierait la vie ! Au lieu de çà on s'empêtre dans des explications interminables afin de préserver notre orgueil, de faire croire à l'autre que nous sortons gagnant de la relation, même si l'artifice est flagrant.

```
L'amour      désigne    un      sentiment
d'affection  et  d'attachement  envers  un
être ou une chose.
```

N'oubliez pas que l'amour c'est un sentiment qui va de vous <u>vers</u> une personne, qu'il n'engage <u>que</u> vous. Espérer recevoir de l'amour en retour, c'est baser vos espoir sur une chose que vous ne contrôlez pas. Et quand bien même vous pensez que vous contrôlez la situation et qu'il ne peut que tomber amoureux de vous grâce au jeu que vous lui avez sorti, n'oubliez pas que si vous « gagnez » il sera amoureux de vous, jeu inclus ! Alors s'il vous plaît ne pensez pas à arrêter cet artifice car cette décision entraînera votre relation inévitablement vers son déclin.

Dans l'exemple ci-avant, vous pouvez aussi décider de rester avec lui par « pitié », car il n'a pas mérité ce que vous lui faites subir. Vous vous sentez responsable de son amour devenu inutile, et ne voulez pas lui faire du mal. Vous décidez alors de poursuivre cette relation sans vous y investir jusqu'à ce qu'il se fatigue, ce que vous espérez en cachette. S'il ne se fatigue pas, il faudra bien un jour passer à la « mise à mort » ! Mais comme c'est le sentiment de pitié qui vous empêche de terminer la relation, vous êtes coincée entre être avec lui sans aucun enthousiasme ou ne pas être avec lui et vous sentir responsable de sa douleur.

Je voudrais faire une parenthèse à ce sujet. Nous sommes responsables de nos sentiments. Notre cœur nous invite ou pas à aimer telle ou telle personne, telle ou telle chose. Ces personnes ou choses n'ont pas décidé de notre dévolue, elles en sont seulement le point de focus. Suivant cette logique, pourquoi devrions-nous nous sentir responsables quand quelqu'un a décidé de nous aimer, et qu'il se plante ? Ce n'est pas notre faute ! Mmmmm, je dirais pour être juste que dans la plupart des cas ce n'est pas notre faute ! Quand dans notre exemple elle a sorti son grand jeu pour le séduire, ceci devient de la manipulation et il est logique maintenant qu'elle se sente responsable de la détresse de son conjoint.

Si « *sortir votre grand jeu* » signifie être vous-même et lui montrer, tout va bien. Si par contre c'est être une autre, alors il vous faut savoir que dans tout mensonge il y a un prix à payer, et la culpabilité de notre exemple en est la contrepartie.

Et puis, pour clôturer ce chapitre, il y a ceux et celles qui, pris au piège entre l'orgueil, la vérité ou la manipulation, laissent faire le temps. N'oubliez pas ceci :

L'absence de décision *est* une décision !

Ne pas décider veut dire rester avec la personne, c'est la politique de l'autruche qui cache sa tête dans le sable pensant que l'on ne la verra pas ! Pendant ce laps de temps d'indécision, qui peut durer entre quelques jours et quelques années dans le pire des cas, notre vie s'écoule inexorablement avec la mauvaise personne. Nous ne sommes pas immortels, et chaque jour qui passe nous rapproche d'un jour à la date de notre mort. Devons-nous attendre par orgueil que l'autre décide la rupture car nous n'avons pas la force d'affronter nos erreurs ou de prendre des décisions ? Combien de temps ? Combien de jours, de semaines ou d'années devrons-nous sacrifier pour nous sortir d'un mauvais pas ? Une chose que j'ai appris, c'est que l'orgueil et/ou la culpabilité ne nous font jamais avancer. Tout le contraire.

Avez-vous entendu parler d'une règle de commerce qui dit ceci : Ne pas avancer c'est reculer ?

Dans la société consommatrice dans laquelle nous évoluons, cette citation veut dire que si nous n'avançons pas, nos concurrents le font, et que de ce fait comparés à eux, nous reculons. Alors replaçons cette notion dans ce qui nous concerne, la relation.

Dans notre cas, notre concurrent, c'est la vie elle-même, qui n'arrête pas. La vie ne s'arrête que le jour de notre mort ! Elle avance à un rythme régulier (quoiqu'on penserait qu'au plus on vieillit et au plus elle avance vite !), inexorable, et nous entraîne avec elle jusqu'au bout de la lumière.

Notre perception de la vie évolue avec l'âge. Pourquoi une personne malheureuse sera-t-elle plus pressée de trouver une solution rapide à 60 ans qu'à 20 ? C'est simplement qu'à cet âge avancé on n'a plus toute la vie devant nous, alors qu'à 20 on pense naïvement que oui. Hors, une journée de malheur à 20 ans ou à 60 ne passe ni plus vite ni moins vite, c'est la même journée de 24 heures. Ne pas prendre de décisions aujourd'hui et laisser la vie (ou l'autre) faire les choses quand notre relation ne va pas équivaut à gaspiller ce temps, que vous ayez 20 ans ou 60. Une journée de bonheur gaspillée est une journée gaspillée.

Et puis, il y a ceux et celles qui ne peuvent terminer une relation par peur de se retrouver seul(e)s. Alors ils devraient s'affairer à trouver un nouveau conjoint au plus vite, mais là aussi la question d'orgueil l'emporte. Que va-t-on penser si je remplace Alain encore amoureux de moi par Pascal ? le « Qu'en dira-t-on », se sentir responsable, etc... etc... Bref, tous les motifs sont bons pour passer à côté de sa vie !

Peut-être sentirez-vous une attaque dans ces propos. C'est le but, rappelez-vous, il n'y a que la vérité qui blesse.

Je n'ai pas dit qu'à la moindre dispute on devait se séparer, loin de là mon intention ! Je dis simplement qu'une fois le point de non retour atteint, il faut absolument couper la relation au plus vite, coûte que coûte, car nous perdons des jours précieux de vie. Oubliez ceux qui disent « *nous sommes venus sur terre pour souffrir* », ce n'est pas vrai. Nous sommes venus sur terre pour vivre, et tout ce qui nous en empêche doit être banni.

Je t'ai aimée à la folie, mais aujourd'hui tu deviens vieille et je ne t'aime plus. Je parle à notre bonne vieille caisse qui nous a fait vivre des moments inoubliables, rassurez-vous. Et pourtant !

Que se passe-t-il quand les caractéristiques de la personne que nous aimons disparaissent ? Devons-nous rester avec cette personne sous peine que puisque nous l'aimons nous devons l'aimer même si elle change ? Vous vous souvenez de notre exemple de Frank et Nelly, j'ai même un chapitre consacré à ce sujet, mais si j'en reparle ici, c'est pour la notion de culpabilité. Alors voici la grande question qui ne trouvera pas de réponse, et je n'entrerai pas dans la polémique à ce sujet.

Si la femme que j'ai mariée perdait l'usage de ses jambes et de ses bras, donc une ou plusieurs de ses caractéristiques essentielles, puisque jamais je ne me serais uni avec une paraplégique, dois-je continuer cette relation ?

Je n'essayerai pas de répondre à cette question, et ne le faites pas non plus de vive voix car ceci pourrait fortement déranger la société, tout comme les éternelles divergences sur l'avortement qui resurgissent étrangement à chaque campagne électorale pour être oubliées aussitôt ensuite. Nous sommes ici sur un débat de fond, et je vous le répète, je n'y entrerai pas, je voudrais simplement en souligner une ligne.

Essayez d'imaginer jusqu'à quel point nos sentiments de culpabilité, combinés à la pensée des « autres », pourraient nous influencer pour nous affliger nous-mêmes cette punition que d'être lié à une personne paraplégique pour le restant de nos jours ?

Nous trouverons certainement un tas de bonnes raison qui justifieront notre « choix obligé » de rester, et tenterons d'afficher un certain bonheur socialement bienvenu pour nous attirer une reconnaissance universelle.

Compensation maigre ou suffisante ? A vous de voir.

Ceci ne fait pas avancer les affaires de nos petites relations normales et courantes, mais il est parfois bon de prendre des exemples extrêmes pour comprendre certaines choses.

Tout est justifiable dans la vie quand le courage nous manque !

Les cycles des nouvelles relations, ce qui change

Dans le chapitre *les cycles de la relation*, j'expliquais comment évoluaient les relations de la deuxième partie du siècle dernier, celles qui n'étaient pas basées sur la raison, et je n'incluais pas les mariages de tradition. Je ne le ferai pas ici non plus car je pense qu'on peut trouver des livres très intéressant et même des foires sur le thème « cérémonie de mariage ». Quant aux unions de raison j'en ai expliqué les dangers dans le chapitre précédent, vous trouverez aussi beaucoup d'informations croustillantes sur les blogs d'Asie, d'Afrique, ou encore de Russie. Je ne reviendrai donc pas sur ces deux types de mariage (car mariage il y a forcément) qui sont franchement minoritaires.

Assez décrit, assez expliqué ou décortiqué. Même s'il y a quelques petites solutions dans les chapitres précédents, entrons maintenant, s'il vous le voulez bien, dans le vif du sujet. Que devrions-nous faire pour accoupler nos mentalités aux relations de ce nouveau millénaire, afin de vivre notre vie moderne à pleines dents, au lieu d'en prendre plein les dents ? Je dis « si vous le voulez bien » car je n'essayerai pas de m'élever contre ces personnes qui croient tout savoir sur tout, et qui jamais ne se remettent en question. Je pense que si vous lisez ce livre, c'est que quelque part vous cherchez des réponses, mais encore une fois, si c'est une amie qui vous l'a refilé et que vous le survolez pour lui faire plaisir, ces solutions ne sont bien entendu pas pour vous. Poursuivez votre petite vie bien tranquille, et si par mégarde vous pensez que toutes les femmes sont des prostituées ou que tous les hommes sont des salops,...il vous reste encore du chemin à parcourir, mais ni moi ni personne ne pourra vous aider. Vous seul(e) pouvez franchir le premier pas, si vous le voulez.

Voici le schéma des relations de ce siècle nouveau tel qu'il devrait être :

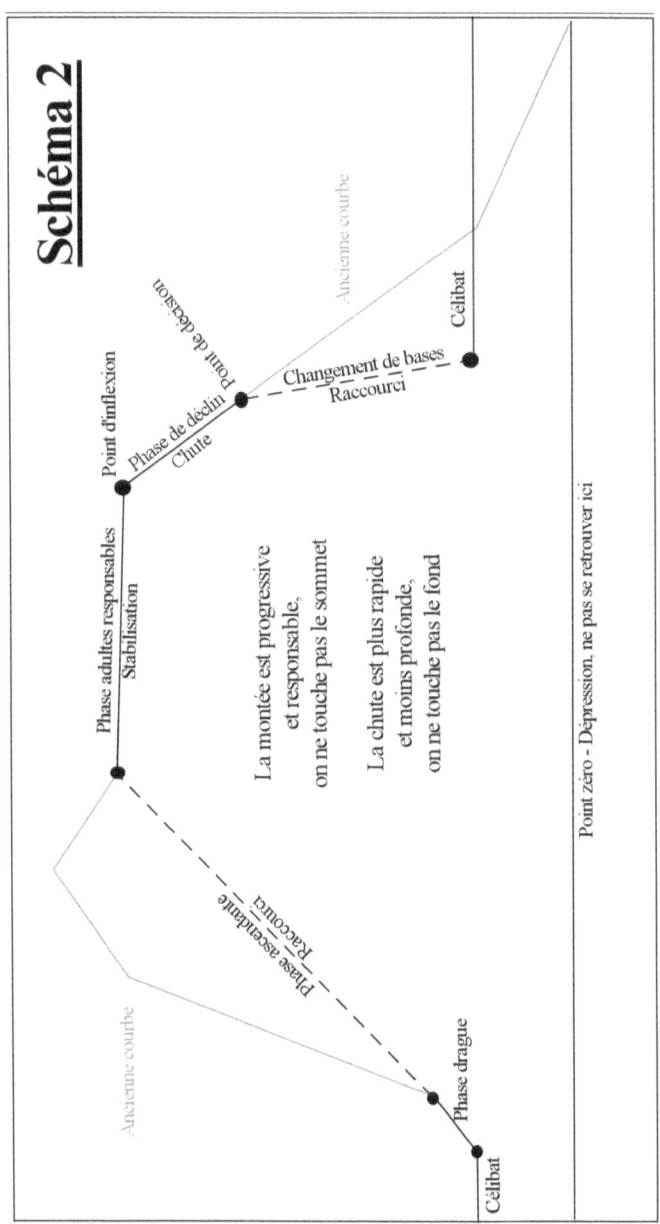

Schéma 2

Phase adultes responsables
Stabilisation

Point d'inflexion

Phase de déclin
Chute

Point de déssion

Changement de bases
Raccourci

Célibat

Ancienne courbe

La montée est progressive
et responsable,
on ne touche pas le sommet

La chute est plus rapide
et moins profonde,
on ne touche pas le fond

Point zéro - Dépression, ne pas se retrouver ici

Ancienne courbe

Phase ascendante
Raccourci

Phase drague

Célibat

Pour commencer, *quand tout va bien, tout va bien !* Inutile de lire des livres ! Si vous en êtes ici, c'est que quelque chose ne va pas, on est d'accord ? Alors on continue. *Quand on enlève tout ce qui ne va pas, tout va bien !* Citation de mon ami Nicolas. Donc le bien être, ce serait aussi quand rien ne va mal. A méditer ! Je suppose que si on en arrive à lire des livres, c'est que l'on veut aller mieux, donc que l'on ne satisfait plus de sa condition. Bref !

Vous vous souvenez des différentes étapes de la relation dite normale ?

-La rencontre (phase drague)

-L'ascension (phase adolescent)

-Le point culminant (phase adulte irresponsable)

La stabilisation : (phase adulte responsable)

Et bien jusque là, tout va bien, rien ne sert de refaire l'histoire, ou d'en faire des histoires. Vous pouvez laisser agir votre cœur, à la seule exception de rester vous-mêmes à tout moment. Si vous recherchez une relation à long terme, laissez le « grand jeu » à tous ces dragueurs d'un soir (hommes ou femmes). En effet, nous avons vu avant que d'essayer de nous « vendre » tels que nous ne sommes pas nous amène droit vers la catastrophe et que tôt ou tard il nous faudra en payer le prix. Ceux qui utilisent ce stratagème pour une folle nuit d'amour, leur prix à payer est de ne plus jamais revoir la conquête de la veille. Mais est-ce vraiment un problème pour eux ? Ils pourront trouver quelques guides pour améliorer leurs techniques de séduction et continueront à être heureux comme avant.

Nous, nous parlons de relations.

Soyez naturels, toujours, car personne n'a envie de rencontrer le gentil et intéressant docteur Jekyll pour vivre après avec l'horrible Mr Hyde. Mais si vous êtes l'horrible Mr Hyde, il y a quelqu'un pour vous aussi, vous seriez fou (ou folle) de croire le contraire. Il y a de tout pour tout le monde. Le danger c'est de ne pas être naturel, car nous trompons non seulement l'autre, mais aussi nous-mêmes.

Bref, pour la relation, il est toujours préférable de ne pas mentir. La personne à qui vous ne plaisez pas partira en courant, c'est sûr, mais au fond préféreriez-vous qu'elle parte en courant dans deux ans, et de rester sur cette impression d'avoir perdu deux ans de votre vie ? Soyons raisonnables, pour la rencontre et tout au long de la relation, il est très important de rester le plus naturel et le plus honnête possible (tant l'homme que la femme !).

Pour les quatre étapes que je viens de citer plus haut, que ce soit une relation su siècle dernier ou d'aujourd'hui il n'y a qu'une grande différence, à part les nouvelles technologies qui mettent à notre portée des outils inconnus auparavant (internet, GSM, etc…). Cette différence, c'est que nous devons comprendre et assimiler aujourd'hui que les relations sont plus éphémères qu'avant. D'accepter qu'une relation super chouette aujourd'hui se terminera très probablement avant notre mort, et qu'il est tout aussi probable que nous rencontrions d'autres personnes aussi chouettes que celle-ci sur le parcours. Quand notre esprit est prêt à assimiler ce nouveau concept, et seulement quand il est prêt, alors nous aussi nous sommes prêts à vivre ces nouvelles relations.

Quelle est donc cette différence ?

Raccourcis :

Vous l'avez vu dans le schéma en pointillé, deux raccourcis sont possibles. Le premier est en phase montante alors que le deuxième est en phase descendante. N'allez pas croire que raccourcis veut dire aller plus vite, mais simplement court-circuiter ou omettre certaines phases. Rappelez-vous que dans notre schéma il n'y a pas de notion de temps, chaque phase pouvant être étendue à l'infini.

Le premier raccourci, en phase montante est le court-circuit de la phase adolescente ou adulte irresponsable, ce qui veut dire que l'on rentre dans la relation directement avec au moins 50% d'intellect. Ce n'est pas le coup de foudre, les personnes se plaisent et sont à même de juger les pros et contras de cette relation ou de leur partenaire. Ce raccourci (qui je le rappelle n'en n'est pas un en temps) nous permet de commencer une relation sur des bases d'amour d'adultes responsables. On ne s'offrira pas de petits cœurs fléchés en peluche, mais bien des attentions sous forme de cadeaux pratiques, une bonne bouteille de vin, un tablier pour la cuisine, etc... Si je vous donne ces petits exemples c'est pour que vous soyez à même de repérer et différencier ces formes d'amour.

Le deuxième raccourci intervient quand il y a un changement dans les bases mêmes de la relation. Par exemple Paul vous annonce qu'il est gay, qu'il a rencontré une autre femme, ou qu'il veut partir vivre au Pérou. Ces annonces déstabilisent la relation par le simple fait qu'elles s'attaquent à la base même de cette relation.   Ce raccourci arrive toujours après la phase d'inflexion de celui ou celle qui le provoque.   On voit très mal Paul amoureux fou de vous, qui à son point culminant, vous fasse part de ces changements.   S'il se trouve en phase adolescent, adulte irresponsable, ou même adulte responsable, il est fortement improbable qu'il vous fasse telle annonce.   Ce raccourci emmène la relation droit vers la fin, court-circuitant tout ce qu'il pourrait y avoir en chemin.   La relation se termine vite.

Nous pouvons aussi provoquer ce deuxième raccourci sans attendre ces annonces déroutantes de Paul, et c'est là que ceci devient intéressant.   Je l'explique plus loin.

Le point d'inflexion :

Quand nous arrivons au point d'inflexion, il faut être très attentif.   Le cœur est là et il aime ce partenaire, mais quand on sait que ceci (entendez la relation) peut aller en déclinant, nous devenons vigilants.   Autour du point d'inflexion il est possible de changer la donne assez facilement.   Nous avons besoin de surprendre l'autre, de chasser les routines qui s'installent, de faire briller ses yeux.   Pour ce faire, il nous faut un élément essentiel, l'amour. Aimons-nous encore cette personne au point de vouloir la surprendre, l'émerveiller, l'emmener au ciel ? Ou sommes-nous avec elle par habitude, routine, pour le statut, les amis en communs, ou encore la famille ? L'aimons-nous avec notre cœur ? Si oui, alors ce point d'inflexion n'a pas de raison d'être (si c'est réciproque bien entendu). Car il suffit d'une des deux personnes qui soit en couple pour de mauvaises raisons et celui-ci attendra immanquablement son point d'inflexion, et le dépassera.

Alors que faire si nous aimons une personne et que nous voyons que nous sommes le ou la seule à « investir » dans la relation ? Réponse : nous rendre à l'évidence, cette relation va descendre en flèche, que nous le voulions ou non. Nous pouvons bien entendu faire un ultime essai pour maintenir tous les ingrédients en place, mais on est déjà dans l'incertain. Si cette relation bat de l'aile et nous aimons toujours à la folie notre partenaire, c'est qu'il en est à un point plus « avancé » que nous dans cette relation, dans une phase descendante.

Contrairement au siècle dernier la majeure partie des raisons grâce auxquelles une relation dysfonctionnelle pouvait survivre ont disparu, il faut se rendre à l'évidence et se détacher aussi au plus vite. Apprendre à agir avec la tête quand le cœur ne suffit plus. Quand la relation dans laquelle nous sommes est déséquilibrée et qu'elle demande plus d'investissement que le bénéfice émotionnel qu'on en retire, il est clair que les acteurs en sont à différentes phases. Car si tous les deux étaient en phase montante ou en stabilisation, nous n'aurions pas de problème. Le problème survient quand un des deux a passé le point d'inflexion ou plus grave encore, le point de non retour. C'est grave et destructif surtout quand l'autre se trouve encore avant le point d'inflexion.

En fait, il faut simplement apprendre à écouter l'autre. Écouter non seulement ses paroles, mais aussi ses gestes, sa disposition au sexe ou aux câlins, sa patience, ses rêves, les projets,…Bref, un tas de petites choses qui ne sont pas absolues mais qui donnent une piste.

Le point d'inflexion marque le départ de la relation vers le bas. Nous ne pouvons pas parler de chute vertigineuse – et certains sont capables de maintenir cette descente une vie entière – mais d'une chute sûre et constante. C'est à partir de là que nous devons, nous, acteurs et actrices du 3ème millénaire, prendre le taureau par les cornes. C'est à ce point précis que nous devons prendre conscience qu'à partir de maintenant les choses vont aller de moins en moins bien et que nous finirons par nous séparer. Préférons-nous étendre le problème *ad vitam aeternam* ou décidons-nous d'abréger nos souffrances ?

Revenons à notre tendre et chère voiture. Quand le remplacement du joint de culasse nous a coûté une fortune, juste après la boite de vitesse, alors que nous avons décidé qu'elle nous coûtait trop cher comparée à une nouvelle, essayons-nous de retarder au maximum cet échange ? Ou au contraire essayons-nous d'avancer au maximum cette date ? A partir du moment où notre esprit s'est décidé à se défaire d'un objet (ou d'une personne), il a hâte. Oui, j'ai bien dit d'une personne aussi.

Alors pourquoi ne le faisons-nous pas ? C'est le propos de ce livre, les mentalités d'avant. Car la connotation de célibataire (ou tous ses synonymes) est négative, elle représente l'échec, un de plus ! Alors on essaye de s'accrocher, parfois juste pour prouver que cette relation, de par sa longueur, était sérieuse. On s'accroche par orgueil et pour défier le pari des copines ou copains. On résiste pour ne pas décevoir nos parents ou tous ceux qui croyaient en nous. Bref, on trouve un tas de bonnes raisons pour ne pas reconnaître l'évident.

La chute : (Phase de déclin)

A partir du moment où nous avons repéré le point d'inflexion, et peut-être joué notre dernière carte pour sauver la relation, la chute qui s'ensuit n'en n'est que pure logique mathématique. Que préférons-nous ? Nous accrocher à un espoir que l'on peut encore sauver les meubles, ou alors accepter l'inévitable et l'accompagner dans sa chute. Si la personne que vous aimiez intensément était en phase terminale de cancer, dans les derniers jours et sans espoir,… préféreriez-vous l'accompagner vers la mort, ou lui parleriez-vous de futurs projets ? Les optimistes diront ici qu'il y a toujours espoir. Ce livre-ci n'est pas pour eux, je suis certain qu'ils trouveront des bouquins à la hauteur de leurs espérances.

Pour en revenir à nous, la solution est d'accompagner la relation vers le bas le plus vite possible. Claire veut de la distance, donnons-lui. Marc va voir son ex, dites-lui que s'il a bu et qu'il est tard que vous préférez qu'il ne prenne pas la route (donc indirectement qu'il dorme là). Claire est sur Facebook, conseillez-lui de mettre pour son statut relationnel « c'est un peu compliqué » comme cela ses amis de lycée n'auront pas peur de la contacter, et ainsi de suite. Il nous faut apprendre à accompagner la relation le plus vite possible vers la fin.

Çà c'est pour les messages subtils. Qu'en est-il quand les deux protagonistes sont adultes et responsables de leurs paroles ? Il suffit d'avoir une bonne conversation franche et tout s'arrange au plus vite dans le meilleur des mondes. Aussi simple que cela.

La liberté, le bonheur, la renaissance

Il n'y a pas de phase après la chute, c'est fini, le couple est séparé. Le gros avantage c'est que la séparation est survenue bien avant de se faire du mal, de se faire des reproches. Quand une séparation est accompagnée par les deux personnes, il n'y a ni gagnant ni perdant, ni remords ni rancunes. Les deux ex restent amis et il est même constaté qu'ils se revoient parfois pour le sexe, mais sans laisser les sentiments prendre le dessus.

La liberté, c'est quand nous pouvons reprendre chacun ce que nous avions délaissé pour l'autre. Oui oui, nous avons laissé des choses en chemin, nous le faisons presque tous. Et ceux qui ne le font pas n'ont pas besoin de lire ce livre. La liberté c'est de sortir avec nos amis d'avant, la liberté de faire ou ne pas faire, sans devoir rendre des comptes. Un ami me disait : *ne pas être en couple, c'est ne devoir appeler personne si tu m'invites à dîner, et si après on passe boire un verre quelque part, ne pas me sentir coupable et obligé de rentrer.* La liberté ce n'est pas de faire à nouveau ce qui était interdit, comme connaître une personne attirante, mais de ne pas être obligé de raconter, rentrer, appeler, justifier nos actes, etc… La liberté c'est aussi de regarder le foot quand elle voulait le patinage, ou de regarder *Pretty Woman* quand il voulait *Gladiator*.

Le bonheur est à l'inverse du malheur. Pas que nous ayons été malheureux ou malheureuse avec cette personne, mais le poids de ce prix à payer pour cette relation nous est enlevé. Nous avons terminé cette relation car ce que nous en tirions était en deçà des efforts à fournir pour la maintenir à flots.

Dès que nous acceptons le fait de vivre seul(e) et l'étiquette de célibataire, dès que nous en apprécions les avantages (car dans toute situation il y a du positif), dès que la personne que nous jugions responsable de notre mal-être disparaît enfin de notre vie, nous recommençons à respirer. Nous souffrons le manque parfois, mais pas le martyr. Il nous faut bien accepter que toute séparation entraîne un tas de désagréments, et je vais tenter de les énumérer.

- Les explications que nous devons sans cesse répéter à toutes les personnes à qui nous annonçons la nouvelle. De plus, nous devons accorder ces détails avec la manière de comprendre et les valeurs de chacun de nos amis ou famille.

- L'abandon de nos projets, qu'ils soient à long, moyen ou court terme avec notre ex partenaire. C'était par exemple des enfants, la maison, les vacances d'été ou la petite bouffe entre amis.

- L'étiquette de célibataire que nous devons coller directement sur notre front.

- Le cercle d'amis qui devra changer, surtout si nous étions en relation depuis un bon bout de temps.

- La concierge de l'immeuble qui se demande si on sera capable de payer le loyer seul(e).

- Nos parents et nos neveux qui s'étaient attachés au conjoint que nous venons de laisser.

- Le resto que nous fréquentions ensemble qui nous demandera pourquoi on est seul(e) ce soir.

- Qui va emporter la télé à écran plat que nous avions acheté ensemble

- Etc…etc…

Il nous faudra compenser toutes ces choses perdues et toute cette énergie par du positif afin de ne pas sombrer dans la déprime. Je sais c'est un grand mot, surtout si on termine la relation en restant amis, de la meilleure manière qui soit, et si on l'a fait dans les règles de l'art sans se bouffer le nez. Mais soyons quand même sincères ici, même si on veut cette fin, elle reste un moment délicat à passer. Le but de ce livre est justement d'alléger nos « souffrances », tant dans la phase descendante que dans celle de reconstruction. Parmi les points positifs, en voici quelques-uns :

- Ne plus devoir se battre pendant une demi-heure pour savoir quel programme on regardera sur notre télé à écran plat.

- Ne plus devoir supporter ses amis lourds.

- Ne plus être obligé d'aller la ou le chercher à la sortie du boulot.

- Pouvoir avoir enfin une conversation avec ce gars (ou cette nana) vachement attirant(e) que nous avons remarqué depuis un temps.

- Ne plus devoir supporter la famille de l'autre.

- Ne plus entendre ses histoires de boulot.

- Etc...etc...

Nous devons trouver des points positifs capables de nous faire oublier les choses négatives qui nous font mal. Car dans nos relations du 21ème siècle, et malgré que l'on y mette toute son énergie pour la finir en beauté, il reste encore hélas un gagnant et un perdant. Le gagnant c'est celui qui avait de l'avance dans la relation et pour qui l'arrêt de celle-ci représente secrètement l'objet du désir. Le perdant c'est celui qui avait pris un peu (ou beaucoup) de retard dans la relation, et qui a du mettre les bouchées doubles quand la phase descendante a été détectée ou que le point de non retour a été franchi par son conjoint. Alors quand bien même les notions de ce livre aient été acquises, que le décalage entre la position de chacun dans la relation ait été ramené à son minimum, il reste néanmoins une personne qui payera plus que l'autre.

La renaissance c'est quand nous avons enfin « oublié » cette relation. Oublier ne veut pas dire oublier la personne ou ce que nous avons vécu, mais oublier l'amertume de la situation. Que cette pression que nous avions sur le ventre aura complètement disparu au profit de grands bols d'oxygène. Nous commençons petit à petit à nous retisser un réseau d'amis et des nouvelles habitudes de sorties. Nos amis ou notre famille ne nous demandent plus si on a des nouvelles de l'ex, alors on peut se laisser aller à vivre et à profiter du moment présent, en rêvant peut être à la personne suivante. Dans cette étape, nous recommençons tout doucement à envier les personnes en couple, on les voit dans les allées du cinéma, main dans la main, et cela nous attire. Cette étape nous prépare à la phase suivante, la drague.

La boucle est bouclée, nous revoici au point de départ. Sommes-nous prêts cette fois à démarrer mieux ? Avons-nous compris les rouages des couples du 21ème siècle ? Non, n'allons pas si vite, il reste encore beaucoup à apprendre. Ce serait bien trop facile ! Et il reste encore des pages à lire dans ce livre !

La phase de reconstruction

Autant la phase de reconstruction est un point important dans les relations du siècle dernier et autant cette étape peut être ignorée une fois que nous avons bien appris notre leçon. Dans le premier schéma, vous avez certainement vu qu'à un moment donné nous touchons le fond, c'est au moment de la rupture (surtout si le décalage est important, j'en parlerai dans le chapitre suivant), ou pendant les semaines qui suivent. Ces moments de déprime sont à associer à l'image d'échec que nous avons lors de la fin d'une relation.

Si vous observez bien le deuxième schéma représentant les relations de ce siècle, vous verrez qu'à la fin de la relation, nous ne touchons pas le fond, ce qui est tant mieux ! Nous ne le faisons pas car nous avons appris à assimiler cette fin comme une phase inévitable de la relation, et que ceci ne signifie pas la fin du monde mais bien une nouvelle ouverture sur le « monde extérieur ».

Beaucoup de personnes essayent de reconstruire la relation une fois atteinte cette étape, sans se rendre compte qu'il est bien trop tard. Le sauvetage de la relation, comme nous l'avons vu, ne peut intervenir qu'au plus près possible du point d'inflexion. Tout ce qui sera entrepris après n'est que recollage de morceaux, avec de plus une colle non adaptée. Ah, parfois cela peut durer une vie. Oui, l'agonie peut durer une vie, et pour certaines personnes il vaut encore mieux rester sur la ligne de fond (encéphalogramme plat) que de « perdre » la relation. Ils ne se rendent pas compte de la monotonie dans laquelle ils se condamnent, et ce n'est que la volonté du conjoint qui éventuellement libérera le couple de cette morosité.

La phase de reconstruction, dans nos relations de ce siècle, n'existe plus. Il n'y a rien à reconstruire puisque rien n'a été détruit, même pas la relation elle-même. La seule petite ombre au tableau pourrait être que nous devrons réapprendre à vivre autrement, sans l'autre. Les petites routines de la vie doivent être modifiées, et notre entourage doit se faire à l'idée que désormais vous viendrez seul(e), jusqu'à l'apparition du ou de la suivante.

Déphasages, décalages

Notre grand soucis dans une relation serait d'attraper du retard, c'est-à-dire nous faire larguer quand nous n'avons rien vu venir et quand il nous semble que tout va bien. C'est là que çà fait mal, n'est-ce pas ? Ce serait tellement plus sympa de se faire plaquer juste au moment où nous voulions plaquer l'autre, ceci nous enlèverait même une épine du pied. Seulement voilà, nous voici de nouveau confrontés avec le problème du gagnant-perdant. A moins que de prendre les devants nous-mêmes et d'avoir toujours de l'avance sur notre partenaire, nous aurons aussi la malchance de parfois (ou souvent) nous retrouver dans la peau du *looser* !

Ce qui nous vaut cela c'est le décalage, nous l'avons vu. Rien de plus marquant que de se faire droper quand nous sommes au zénith, c'est alors la fin du monde, et rien ne peut nous y préparer, à moins que de tout voir en noir. Mais dans ce cas, de par la simple loi de l'attraction, notre seul comportement pessimiste nous conduira à la rupture.

Les décalages : Nous l'avons vu lors de nos schémas, que ce soit pour les relations du siècle dernier ou pour les plus récentes, les relations sont vécues par chaque partenaire à un rythme différent. Ces graphiques ne prétendent pas expliquer la relation, sinon que l'état de chaque acteur dans la relation. Nous avons vu aussi que quelque soit notre position sur le schéma, si celle-ci est partagée avec notre conjoint(e), il n'y a aucun problème. Nous serons amoureux en même temps et de la même manière, nous passerons à la phase adulte responsable au même moment, le point d'inflexion sera ressenti réciproquement, le point de non retour franchi « main dans la main », et la rupture célébrée au champagne. Vu comme ça, même la rupture donne envie, n'est-ce pas ?

Notre grand ennemi dans notre manière de vivre la relation c'est le décalage. Il est hélas presque inévitable. Nous sommes femmes et hommes, et donc bien différentes. Si vous ne me croyez pas, lisez donc *Les hommes viennent de Mars, les femmes viennent de Vénus* de John Gray et vous comprendrez de quoi je veux parler. Je le disais aussi avant dans ce livre, et sans peur de me répéter, *les hommes sont à la vitesse ce que les femmes sont à l'intensité.* Ceci nous donne les décalages dont avant je faisais allusion !

Nous devons ouvrir les yeux, nous efforcer. La vie (et surtout notre partenaire) nous envoie plein de signaux, plein de messages. Vous êtes amoureuse et l'appelez trois fois par jour, il ne vous appelle jamais. Vous lui réservez des surprises à chaque fois qu'elle vient, et elle arrive toujours en retard. Vous parlez de projets et il vous demande de ne pas vous emballer trop vite, qu'on a tout le temps. Vous vous rapprochez et elle s'éloigne. Bref, un tas de choses, de petits détails qui nous font mal au cœur nous montrent qu'il y a déphasage.

Ce déphasage ne devient grave que quand l'un s'approche dangereusement du point de non-retour. Encore faut-il le deviner, vous me direz. Bien vu ! Ce n'est pas si évident. Il nous faut être très attentifs. Mais ne le seriez-vous pas si ceci pouvait sauver votre relation ? Pourquoi sommes-nous aussi aveugles ? Pourquoi courons-nous derrière l'autre quand nous l'avons perdu, et pas avant ?

Alors, que faire pour changer la donne ?

En premier, comme je viens de dire, c'est d'être conscients que quelque chose ne tourne pas rond, d'identifier le problème, de repérer le décalage. Si vous êtes en retard, accélérez ou tentez de freiner votre adversaire ! Facile à dire, n'est-ce pas ? On va essayer de décortiquer cela ensemble.

Si vous êtes en retard dans la phase montante (adolescent ou adulte irresponsable), traduit par le fait que votre partenaire va plus vite et est plus amoureux ou amoureuse que vous. Il est dans ce cas impossible pour vous d'accélérer, car ceci dépend de votre cœur, et rien ni personne ne peut le commander. Alors tentez de freiner votre adversaire en utilisant des paroles rassurantes mais matures. Montrez-lui votre amour, mais appelez-le(a) à plus de sérénité, à prendre le temps pour toute chose. Essayez de refuser tout ce qui va de le sens de l'empressement (projets, connaissance de la famille, des enfants, etc…) en utilisant des prétextes de bonne mœurs du style *Il est peut être encore un peu tôt*, ou encore *Je préfère le faire bien plutôt qu'à la hâte*, etc…

Dans cette phase montante, le décalage n'est bon pour personne. La personne en retard ressent de l'étouffement, trop d'attention, trop « pot de colle », et la personne à l'avance ne ressent pas assez d'amour, voire froideur ou distance. C'est un passage dangereux car le couple fraîchement formé est encore fragile. Un trop grand décalage pendant cette phase et c'est la catastrophe, alors qu'il y a de l'amour. Nous finissons par nous séparer par incompréhension : *Il était trop pressé, elle était froide et distante*,…ou vice-versa.

Pendant les phases adultes (responsables ou non), c'est quand les décalages sont les moins préoccupants car justement nous sommes dans des phases adultes. Il convient toutefois de ne pas trop laisser de distance entre les deux, car si l'un arrive au point d'inflexion il conviendrait à l'autre de le repérer, et de ne pas être aveuglé par un amour passionnel débordant et toujours en phase montante sans jamais atteindre le sommet !

Quand un des deux atteint et dépasse le point d'inflexion difficilement visible et que l'autre en est encore dans la phase de stabilisation. C'est à ce moment que celui qui est en arrière doit développer ses sens afin de ramener l'autre dans la même phase. Je ne l'ai pas dit jusque là, mais il est possible de faire une petite marche arrière dans les phases et revenir à celle d'avant. Cela demande beaucoup d'énergie à l'autre mais le jeu en vaut souvent la chandelle. Il va de soi qu'au plus tôt cette tentative de sauvetage est abordée, et au plus grandes sont les chances de réussite. Rien que pour vous faire une idée, imaginez un instant ce qu'il faudrait faire pour ramener votre partenaire du point de non retour au point culminant !!! Il vous faudra très probablement devenir un(e) autre.

Bon, revenons-en à notre point d'inflexion dépassé par l'un des deux, il vous faudra utiliser vos moyens pour ramener l'autre dans une phase moins négative. Si vous décelez cela assez vite, il ne vous en coûtera pas beaucoup, un petit week-end en amoureux devrait faire l'affaire.

Dans cette phase descendante et intermédiaire entre stabilité et point de non-retour (vous voyez que c'est une phase cruciale), au plus votre partenaire s'approche de ce dernier point et au plus il vous sera compliqué de le ramener. Pour ce faire certaines personnes n'hésitent pas à abuser de la culpabilité, de la tristesse, du désarroi, de la déprime, pour ramener l'autre à ses côtés. N'oubliez pas que toutes manipulations, qu'elles soient pour le bien ou pour le mal, comportent un prix à payer. En êtes-vous prêt(e)s ? Vous allez probablement dire que si c'est pour récupérer celui ou celle que vous aimez, ceci vaut bien la peine d'être tenté, même en utilisant des manières peu orthodoxes. Oui et non, car ce que vous achetez c'est un sursis, rien de plus. J'explique :

Que ce soit au début ou au milieu de la relation il faut être honnête. Toute déviation à ce principe fondamental vous entraînera inévitablement vers une relation aux bases dupées, donc une relation qui se tient sur des éléments qui n'existent pas ou plus. Une fois ces éléments disparus, votre relation se retrouvera exactement au point de départ où vous avez dû commencer à mentir pour sauver la situation, avec un fait aggravant, celui d'avoir perdu la crédibilité. La chute n'en sera que plus vertigineuse.

Quand un des deux partenaires dépasse le point d'inflexion alors que l'autre se trouve en phase de chute, on peut dire que les dés sont pipés. La personne en chute est un peu fatiguée au plan énergétique, alors que son conjoint ne pense qu'à terminer la relation. Là, c'est celui qui est en retard qui doit se rendre à l'évidence et rattraper l'autre au plus vite pour terminer la relation dans les plus brefs délais (point de décision). C'est là que se trouve la différence fondamentale qui nous demande un changement de mentalité important. Pour terminer une relation dysfonctionnelle promptement, il nous faudra mettre de côté tous ces principes démodés à propos de ce que représente la fin d'une relation, je parle bien entendu de l'échec.

La fin de la relation n'est pas un échec, c'est une étape. Elle est nécessaire voire indispensable à notre recherche constante du bonheur. Car au fond, que voulons-nous tous dans la vie, du bonheur, n'est-ce-pas ? Mais je parlerai de cette importante notion dans le chapitre sur l'égoïsme.

Combiner les deux raccourcis

Nous avons parlé des raccourcis lors d'un chapitre précédent. Nous allons voir maintenant comment les combiner, si on veut. Nous allons ici aborder un type de vie différent à la norme, mais sommes toutes s'approchant de ce que les relations sont, tout en s'éloignant de ce que nous aimerions qu'elles soient.

En partant du principe que nous avons assimilé le fonctionnement des nouvelles relations et de leurs cycles dont certains sont inévitables, nous pourrions imaginer un type de relation libre de problèmes.

Quand je parlais d'amour, et suivant la description de Wikipedia, nous avons vu que c'était un sentiment qui partait de soi *envers* une ou plusieurs personnes. Nous avons appris ainsi qu'aimer ne signifiait pas attendre que l'autre nous aime ou nous prouve son amour, sinon qu'aimer purement et simplement car c'est ainsi et pas autrement. N'attendre rien de l'autre signifie vivre plus heureux plus simplement de par le simple fait que nous ne sommes pas dans l'espoir, car l'espoir est un sentiment qui se base sur des choses que nous ne contrôlons pas. Je sais, je résume rapidement et en marche arrière, je vais maintenant me remettre en marche avant.

Si on aime en attendant en retour d'être aimé(e), nous nous condamnons à l'espoir de voir, sentir ou entendre des choses qui peut être n'arriveront jamais. Ne pas nous attendre à ces signes nous permet de vivre plus sereinement, et s'ils arrivent un jour alors que nous ne nous y attendons pas, ce ne sera que du bonheur. Aimer, donc, est un sentiment que nous éprouvons *envers* notre conjoint. Quand nous arrivons à une étape de notre vie où il est enfin possible d'aimer de cette manière – certain(e)s diront *aimer moins* car ils en sont tout simplement incapables – nous comprendrons que notre amour est adulte. C'est pourquoi dans les schémas j'ai appelé les phases : adolescents, adultes irresponsables et adultes responsables.

Aimer sans attendre rien en retour, c'est aimer en tant qu'adulte responsable, c'est-à-dire pas uniquement avec son cœur, mais plutôt d'un sentiment partagé entre la tête et le cœur. C'est d'ailleurs pourquoi il y en a qui s'élèveront contre ce principe en disant : *aimer ne se contrôle pas, cela vient du cœur, tout ce qui est intellectuel n'est pas amour !* Je ne les critiquerai pas ici, et ils trouveront un tas d'ouvrages qui leurs permettront d'alléger leurs souffrances. Ces différentes manières d'aimer viennent aussi ponctuées par l'âge. C'est comme cela que l'adolescent aime de manière pure et irresponsable, alors que le sexagénaire le fera de manière paisible, sans s'emballer au premier baiser, d'une manière responsable.

Donc vous comprenez pourquoi je parle de phase adolescents ou adultes.

Rentrer dans la relation comme le ferait un sexagénaire, sereinement, et je dirais même sagement, est un gage d'investissement raisonnable, posé, réfléchi.

Petite parenthèse à propos des personnes de cet âge qui se retrouve aussi sur le « marché » des relations, et même souvent sur internet. Cet état de chose franchement novateur a été assimilé par notre société à la vitesse de l'éclair, alors que nous peinons toujours avec nos sentiments d'échec lors de la fin d'une relation. Je disais donc que si nous étudiions nos personnes âgées et au lieu de les traiter comme des vieux gâteux en déphasage avec la société, nous y verrions des personnes de grand savoir – comme dans d'autres cultures non entachées par l'*occidentalisme* – et nous pourrions y puiser une quantité importante de recommandations fondées sur l'expérience d'une vie.

Le sexagénaire entre dans la relation tant avec la tête qu'avec le cœur, il prend donc le premier raccourci. Pas qu'il ait envie d'arriver avant, mais bien qu'il veut y arriver sans se faire mal. Le partenaire qu'il choisit ne doit pas être uniquement attractif (bien qu'à cet âge tout est relatif !), mais cette personne doit nourrir son intellect et son affectif en même temps. Il leurs est important de savoir combien de temps ils pourraient « supporter » cette personne, et en ont une bonne idée. Je veux dire par là qu'ils essayent d'imaginer dès l'entrée où seraient les points de désaccord qui mèneraient à la fin de la relation. Comment se fait-il qu'ils peuvent le faire alors que nous en sommes incapables ? Simplement parce qu'ils ont déjà vu tellement de choses dans la vie, et ne se laissent plus impressionner par un cœur qui bat plus rapidement que la normale !

Rentrer dans la relation tant avec la tête qu'avec le cœur nous fait emprunter les premiers pointillés. Bien entendu cela nous empêche de vivre des émotions trop fortes, mais aussi de redescendre vers la stabilisation. Je n'ai rien contre les émotions fortes, tout le contraire. Ce que je veux dire c'est qu'elles sont dangereuses car pas mal de personnes restent coincées là haut, et d'autres n'acceptent pas de redescendre les pieds sur terre. C'est pendant cette période (phase adolescent ou adulte irresponsable) que les décalages sont les plus fréquents et les plus marqués.

Quand les deux membres d'un couple empruntent le raccourci et s'y tiennent, il y a très peu de chances que l'un ne reste accroché en chemin, la relation en est plus sereine, voire plus sérieuse depuis le début.

Commencer une relation en suivant les pointillés, c'est presque s'assurer une montée régulière et coordonnée avec notre conjoint, chacun étant là pour ramener l'autre s'il s'égare. Monter avec 50% de tête nous permet de déceler les points faibles de notre partenaire, et de couper court si on découvre quelque chose dont on sait que l'on ne supportera pas dans le futur. En fait, cela nous permet de grimper les yeux ouverts sur qui est notre conjoint.

Il est bien des relations qui devraient se terminer tout au début, mais que par le coup de cœur de l'un, de l'autre, ou des deux, n'explose pas. C'est dommage car sans s'en rendre compte on vient de s'unir avec une personne avec laquelle la relation ne marchera pas ou mal. C'est un peu comme se jeter dans une piscine lorsque l'on ne sait pas nager, et que l'on compte simplement sur le fait que peut-être on aura pied. Le feriez-vous ? Pourtant en amour, chaque jour il y a des couples qui ne le devraient pas mais qui s'unissent en dépit du bon sens.

Entrer dans la relation avec au moins 50% de tête, c'est aussi ne rien laisser derrière. Combien d'hommes voit-on abandonner leur VTT au profit de leur nouvelle conquête ? Combien de femmes voit-on mettre leurs enfants de côté pour vivre pleinement cette nouvelle relation ? Et oui, cela arrive plus qu'on ne le pense. Quand il ne s'agit que d'une activité qui de plus pourrait être remplacée par une autre, ce n'est pas trop grave, mais quand il s'agit de vos propres enfants que tant d'années de célibat vous ont fait rêver à un répit mérité (et socialement autorisé), ce n'est pas la même chose. Vos enfants ne sont pas coupables de vos états d'âmes, et ne sont pas conscients de vos besoins. Maintenant, si votre nouvelle relation suivait les pointillés du premier raccourci, alors vous la combineriez avec vos obligations de mère ou de père, d'entrée de jeu.

Le problème de laisser des choses de côté, c'est que au plus on en laisse et au plus la chute sera dure. Dans le cas d'enfants, même si je mets à part le potentiel danger de créer chez eux des séquelles d'ordre psychologiques, une fois retrouvés vos sens, le sentiment de culpabilité vous envahira. Si par chance le nouveau conjoint s'avérait être « le bon », vous pourriez encore justifier vos actes passés, mais si de plus vous vous rendez compte que vous aviez pêché la mauvaise personne, vous vous sentiriez très mal.

Maintenant nous allons aborder le deuxième raccourci, celui qui est en phase descendante. Je vous entends déjà dire que le point d'inflexion n'est pas un point de non retour car il est toujours possible de ramener votre partenaire dans la relation, et vous avez raison. Il y a dans une relation adulte une bonne communication, car personne n'est obligé de tenir des promesses stupides que l'on a fait dans les phases adolescent ou adultes irresponsables, comme : *je t'aimerai toute la vie, seul(e) toi me rends heureux(se), jamais je ne te laisserai tomber, etc…* Dès lors que nous n'avons pas fait de promesses aussi absurdes et qui nous engagent pour un temps indéterminé, nous pouvons plus facilement dire à l'autre ce que l'on pense, ce que l'on ressent dans la relation, ce qui nous manque, ou encore ce qui nous ferait plaisir.

Vous l'avez compris, le manque de communication dans une relation est le résultat de tout ce que l'on s'est dit durant nos phases « nuage », et qu'ensuite nous ne pouvons retirer. Pas que nous ne le pensions pas au moment de le dire, mais simplement que nous n'avions pas toute la lucidité pour comprendre le poids de nos paroles. Afin de ne pas « perdre la face » au moment de la prise de conscience, nous ne dirons pas tout à notre partenaire, parfois mentirons, parfois ne répondrons pas à ses questions, etc… Ceci est la base même du manque de communication.

Comment pourriez-vous dire à votre amie que vous doutez de votre amour pour elle quand trois mois auparavant vous lui avez promis amour éternel ? Comment pourriez-vous dire que vous ne voulez pas vivre avec lui et ses enfants quand deux mois avant vous lui avez dit qu'avec lui vous iriez au bout du monde ? Comment dire que vous supportez à peine ses parents quand après leur première rencontre vous avez dit à votre partenaire qu'ils étaient adorables ? La liste peut être longue comme un livre entier, et j'en oublierais certainement !

Si nous entrons zen dans la relation, nous la rendons plus forte, et quand bien même elle devait se terminer, cette phase se déroulerait sans encombres. Le gros avantage d'une relation comme celle-ci, c'est que les protagonistes ne se « bouffent pas le nez ». Ils se séparent bien avant de se haïr, de reprocher à l'autre un tas de mensonges, de l'hypocrisie, ou encore des paroles en l'air. Se séparer avant de se haïr cela veut aussi dire que vous garderez de cette relation un bon souvenir, et certainement une belle amitié avec votre ex-partenaire.

Si vous vous êtes trompé, ou que votre ex-conjoint s'est trompé, ce n'est pas si grave que cela. Il vaut mieux s'en rendre compte maintenant que cinq ans plus tard, non ? Comment pourriez-vous savoir au premier rendez-vous que cette personne est la bonne, si en plus dans cette phase drague, chacun se fait voir sous un jour meilleur afin de plaire à l'autre. Il n'y a pas de pierre à jeter à ce moment car la phase drague reste bel et bien une drague, les choses sérieuses commencent juste après.

Il nous reste à aborder très brièvement les personnes qui rentrent dans une relation avec seulement la tête, comme je l'expliquais plus haut dans ce livre, ces personnes là n'ont pas besoin de ce bouquin car leur relation est uniquement basée sur la raison, voire sur le profit. Ils auront par contre très probablement besoin d'un bon avocat !

Kath Beaufort

Apprenez à être égoïste pour mieux vivre

Ce chapitre est exclusivement réservé au lecteur que vous êtes, à votre personne unique et irremplaçable.

Tout bon bouquin de psychologie vous apprendra que pour pouvoir aimer autrui il faut d'abord apprendre à s'aimer soi-même. Dans ma vie j'ai souvent croisé des personnes qui avaient très peu de confiance en soi. Ce sont en grande majorité les personnes jalouses, voire possessives. Elles se demandent constamment ce que leur conjoint peut leur trouver, et voient en toute autre personne du même sexe une concurrence impitoyable. Ces personnes peuvent être capables de quoi que ce soit pour attirer notre attention, même si l'attention qu'elles reçoivent est sous forme de colère ou dispute. C'est l'attention qu'elles cherchent, constante, car elles en ont besoin pour vivre.

Il y a les personnes qui s'oublient pour aimer les autres, je les appelle les « infirmiers » ou « infirmières ». Elles feront passer le bonheur d'autrui avant le leurs. Vous en connaissez ? Bien, mais ne vous leurrez pas, inconsciemment ces personnes agissent de la sorte par manque cruel de confiance en soi, alors elles aident sans compter, et reçoivent en retour une reconnaissance qui leur fait grand défaut.

Il y a ces personnes qui ont été maltraitées ou abandonnées par le passé et qui n'ont confiance en personne de votre sexe. Vous devez alors les mettre en confiance constamment, et ne vous avisez pas d'arriver cinq minutes en retard !

Il y a ces personnes d'apparence solide en surface, mais dès que l'on gratte un peu on y trouve un vaste chantier dont rien n'est terminé. Elles vous reprochent un tas de choses qu'elles seraient incapables de faire elles-mêmes, et auront souvent envie d'avoir raison dans vos discutions.

Etc...

En fait, il y a plein de personnes qui traînent derrière elles des problèmes non résolus. Et vous, en êtes-vous dépourvu(e)s ? Car si on voulait s'associer avec une personne saine d'esprit, par toute logique il faudrait bien l'être aussi, ne croyez-vous pas ? Je ne vais pas essayer ici de dénoncer les petits ou grands problèmes de chacun, et peut-être que vous vous êtes reconnu(e)s dans ces exemples. Ce que je voudrais dire en revanche, c'est que personne n'est complètement épargné, nous avons tous nos petites « tares », que nous l'acceptions ou non.

Ceci nous amène directement à la réflexion suivante. Si vous avez une « tare », il est logique que votre futur ou présent partenaire en ait au moins une petite aussi, non ? Çà, c'est pour la partie acceptation, tolérance, etc…

Quand vous trébuchez sur un(e) partenaire qui a quelque chose de plus souligné que vous, comme dans les exemples que j'ai cité plus haut, croyez-vous que sous le prétexte de la tolérance ou de l'acceptation vous devrez vous farcir ces problèmes pour le restant de vos jours ou même seulement quelques années ? A moins que d'être infirmier(e) et de trouver votre bonheur dans l'assistance, auquel cas un violent, un alcoolique ou un pervers peut même faire l'affaire, vous ne devriez pas vous associer avec une personne si vous y sentez un problème important. Nous ne sommes pas l'assistance sociale !

Nous ne sommes pas venus sur terre pour aider les autres ou les rendre heureux. Premièrement vous ne pouvez aider une personne que si elle vous demande de l'aide, comme moi je ne peux aider à travers ce livre que les personnes qui ont besoin d'aide pour s'en sortir mieux dans le futur. Nous ne pouvons pas non plus prétendre d'apporter le bonheur aux autres. Premièrement, il faudrait déjà savoir ce qu'est le bonheur pour *eux*. Deuxièmement, les personnes qui ont besoin de vous pour être heureuses sont à fuir car il est impossible d'apporter le bonheur à autrui quand elles ne peuvent le trouver elles-mêmes. Je décortique un peu si vous le voulez bien : Si une personne ne parvient pas à être heureuse par elle-même, c'est qu'elle ne sait pas ce qui ferait son bonheur, sinon elle en utiliserait. Si cette personne n'a toujours pas trouvé ce qui la rendrait heureuse, comment pouvez-vous prétendre le trouver à sa place ?

J'entends des voix qui s'élèvent. On a tous un jour été témoins de cette phrase : *Si j'avais un conjoint alors je serais heureuse*. Oubliez-çà, c'est de la moquerie, voire de l'insulte à votre intelligence, partez en courant. Le bonheur peut se trouver dans les choses que l'on a, mais jamais dans les choses que l'on désire. Les personnes qui parlent comme cette petite voix ici avant espèrent qu'une autre personne va résoudre leurs problèmes et les rendre heureuses. Ne perdez pas de vue que dans ce cas elles auront tout le temps besoin de vous pour être heureuse. Que quand vous ne serez pas là elles ne vivront pas, et que quand vous serez là, soyez attentifs à tous leurs désirs, car elles ont *besoin* de vous en permanence. J'ai eu moi-même comme partenaire une personne dans le cas, et je suis devenu la personne *responsable* de son bonheur ! Quelle charge sur mes épaules ! Je devais m'occuper de *son* bonheur et du *mien*, ce qui épuisait toute mon énergie. Déjà que ce n'est pas facile pour une seule personne, alors imaginez pour deux. Et si vous ajoutez à cela un boulot à responsabilités, vous voyez qu'il vous reste vraiment très peu d'énergie pour vous !

Il nous faut apprendre à être égoïstes pour bien vivre une relation ou une vie de couple. Égoïste ne veut pas dire ne faire les choses que pour nous-mêmes, mais nous occuper de n*os* problèmes pendant que notre partenaire s'occupe de *ses* problèmes. *Pour qu'il puisse y avoir un* nous, *il faut d'abord qu'il y ait un* toi *et un* moi. Vous connaissez ce dicton ? Il veut dire ce qu'il veut dire. Soyez vous-même dans votre relation, faites vos choses, voyez vos amis, continuez vos hobbys. Permettez (ou obligez) votre partenaire à faire de même. Au plus votre vie privée (de chacun et de son propre côté) est épanouie, et au moins vous attendrez de votre vie de couple. Nous l'avons vu avec des mots différents, *ne nous attendre à rien nous condamne au bonheur.*

Quand vous vivez votre vie, et votre partenaire la sienne, vos rencontres ou vos moments ensembles seront plus agréables, car vous aurez plein de choses à vous raconter. Pour cela, bien évidemment, il faut une bonne dose de confiance en l'autre (donc en soi). On remarque par cette petite explication que seules les personnes pourvue d'une bonne estime de soi peuvent prétendre à une relation détendue et épanouie. Pour les autres, ils iront de recollages de morceaux en recollages de morceaux. On ne peut être bien dans une relation que quand on est bien avec soi-même. Tout enfreinte à cette règle mène à une relation malsaine. Une personne qui manque de confiance en elle-même étouffera l'autre ou en aura besoin tout près, tout le temps, épiera le GSM de son partenaire, posera plein de question sur son emploi du temps, etc...

Si vous entrez dans une relation avec une personne pareille, partez en courant. Cette personne ne sera jamais heureuse car elle en est incapable. Elle ne pourrait l'être qu'à travers vous, en vous étouffant, et encore je suis gentil ! C'est à ce moment-ci que l'on voit l'importance de commencer une relation via le raccourci en pointillés, car cela nous permettra de percevoir les problèmes et de couper l'herbe sous le pied. Si nous rentrons dans la relation avec 100% d'amour, alors nous ne nous rendrons compte de ces problèmes qu'une fois la phase de stabilisation atteinte. Hors, beaucoup de choses auront été dites sur notre nuage, beaucoup de promesses faites, beaucoup trop de belles paroles remplies de *jamais* et de *toujours* desquelles il faudra bien s'occuper un jour, mais à quel prix ?

Quand nous sommes égoïstes dans la relation, ceci veut dire que nous agissons pour notre bonheur, alors que notre conjoint agit pour le sien. Quand nous sommes épanoui(e)s, alors nous respirons le bonheur. Celui-ci se transmet à notre conjoint qui, s'il agit comme nous, en ressent du bonheur. Tout comme la félicité de notre conjoint devrait nous ravir, et non pas uniquement dans les choses qu'il fera avec nous. J'explique.

Vous vous souvenez qu'aimer c'est un sentiment qui part de nous *envers* une personne. Si vous aimez votre conjoint, alors vous aimez le voir heureux, que ce soit dans sa vie privée (sans vous) ou dans sa vie de couple. Si nous aimons « d'amour possessif », il nous est alors impossible de voir notre partenaire s'épanouir dans un hobby ou simplement avec des amis, il doit le faire obligatoirement avec nous, seulement nous ! Je soulignerai ici que la possessivité n'est pas un sentiment d'amour, mais de propriété. Généralement les personnes possessives sont, comme expliqué au début de ce chapitre, des personnes qui ont un grave manque de confiance en soi. Certaines pourront dire que c'est à la suite du départ de l'ex avec une blondasse qu'elles sont devenue méfiantes, ce qui est probablement vrai. Cependant, ce n'est ni la blondasse ni la brunette qui ont crée cela, mais le simple fait que se faire voler son partenaire est un grand coup porté à la confiance en soi, d'où la jalousie possessive qui s'en suit.

Apprenez à dire la vérité, toujours, mais de manière agréable à entendre. Voudriez-vous qu'elle porte cette jupe affreuse toute la soirée ? Aimeriez-vous qu'il aille voir la mère de ses enfants (son ex) ? Alors plutôt que de tourner autour du pot, de lui mener la vie dure, de râler pour un oui ou pour un non, dites-lui. Non pas sous forme de reproche, mais faites-lui part simplement de vos sentiments, c'est-à-dire de ce que vous ressentez quand il fait ou ne fait pas certaines choses.

D'un autre côté, si vous aimez que les gens soient sincères avec vous, apprenez aussi à accepter la vérité comme une simple vérité et non pas une attaque. J'en veux pour preuve celui qui n'ose dire à sa femme que sa jupe rouge est horrible sous peine de se faire électrocuter à coups de sèche-cheveux dans la baignoire, et celle qui n'ose parler de la calvitie de son mari sous peine de finir écartelée dans la cave ! Beaucoup trop de gens sont encore aujourd'hui trop peu surs d'eux au point d'écouter la vérité comme une critique constructive et sortent leurs griffes au quart de tour.

Apprenons tous que ce que nous demandons à l'autre, nous devons pouvoir l'assumer nous aussi. *Faites aux autres ce que vous aimeriez que l'on vous fasse, et ne faites pas aux autres ce que vous n'aimeriez pas que l'on vous fasse !* Trop de fois j'ai entendu monsieur dire « moi je peux, elle ne peut pas ! » et madame dire « je ne demande pourtant pas la terre ». Les gens se sont spécialisés à demander à l'autre ce qu'ils sont incapables de faire, tout comme les parents qui veulent que leurs enfants fasse les études qu'ils n'ont pas pu faire. Arrêtons de faire payer nos erreurs ou nos faiblesses aux autres, bon sang ! Nul ni personne n'est parfait, nous ne le sommes que la plupart du temps, le reste et bien nous ne le sommes pas. Si nous sommes à même d'accepter nos propres défauts, alors efforçons-nous d'accepter aussi ceux de notre partenaire.

Pour résumer ce chapitre, je dirai ceci : Acceptez l'acceptable, n'acceptez pas le reste. Soyez heureux pour le transmettre à votre partenaire. Soyez généreux si vous voulez qu'on le soit avec vous. Faites le bien si vous voulez recevoir le bien,…et ne faites pas le mal si vous n'aimez pas que l'on vous fasse mal. Pour le bonheur, concentrez-vous sur vous-même car pour votre partenaire c'est très compliqué.

Comment vivre sa nouvelle relation ?

Simplement. Chapitre suivant !

Je ris, mais c'est à peu près cela. Ne vous prenez pas la tête. Si la bonne personne se présente vous le comprendrez assez vite. Si ce n'est pas la bonne personne, s'il vous plaît, changez !

Préparez votre entourage aux changements, ils n'en seront que simplifiés : *Oh tu sais, moi, si le mec ne me convient pas, je change. Je pense que je connaîtrai encore bien des nanas avant de tomber sur la bonne !* Répétez ceci à vos amis, à votre famille, à vos collègues de bureau, à la boulangère, au patron du bistro, et pourquoi pas,…au curé ! Quand le grand jour arrive, celui de la dernière rupture en date, alors c'est facile, vous n'avez qu'à trouver un défaut stupide à Paul : *Il ne voulait pas couper sa barbe*, ou à Sandra : *Elle se maquillait trop à mon goût*, pour justifier la fin de la relation à tous les curieux. Faites-le avec le sourire, même si intérieurement vous en souffrez.

Quand vous rompez avec Paul, vous n'avez pas besoin des copines qui vous rencardent sur le premier paumé belle-gueule du coin. Quand Sandra vous manque, vous vous passeriez bien d'aller voir le match de foot chez Henry et que les potes vous disent : *Une de perdue, dix de retrouvées !* Car bien que l'on apprenne à terminer une relation en adultes, à couper court à toutes les complications inutiles, et à comprendre que ce n'est pas un échec, c'est rarement une étape agréable ! Quoique je me souviens de quelques soulagements dans ma vie lorsque la porte se refermait définitivement.

Il n'est pas rare de voir déjà aujourd'hui des personnes qui ont à leur « actif » au moins cinq relations dites sérieuses alors que ce concept n'étais même pas envisageable il y a un demi-siècle. Hors, si nous acceptons cette pluri-union au long d'une vie, nous devons inévitablement accepter la fin d'une relation. Sinon la personne qui en est à sa cinquième aurait déjà connu quatre échecs cuisants. *Je comprends mieux maintenant pourquoi plus personne ne veut d'elle !!!*

Si la fin d'une relation est encore perçue comme un échec, cela fait de vous un looser à chaque fois que cela se termine ! Il est temps de changer le chip !

Un jour je me suis acheté une voiture d'occasion, la moins chère possible, pour me sortir d'un problème. Je l'ai gardée trois mois, et l'ai revendue le même prix. Pendant tout ce temps, je ne l'ai jamais fermé à clef car qui voudrait d'une poubelle pareille ? Je n'ai jamais remarqué si elle avait une bosse en plus, et je n'y ai pas fait attention. Bien que le modèle ne me plaise pas (décidément !), je garde de cette auto passagère un de mes meilleurs souvenirs. A quoi dois-je ce sentiment ? La voiture a toujours démarré au quart de tour, elle m'a conduit confortablement où je voulais aller, et ne m'a créé aucun soucis, aucune inquiétude. Elle était toujours là à m'attendre, même dans les quartiers les plus sensibles en matière de vol. J'ai compris qu'au moins une chose m'avais coûté (en argent) au moins elle m'importait, et au moins je me tracassais pour cette chose, mais aussi que j'en aurais accepté sa perte plus aisément.

Ne pouvons-nous pas appliquer ce principe à nos relations ? *Choisissez une femme jolie si vous voulez que l'on vous en délivre !* Pourquoi investissons-nous autant dans une relation, dans une voiture ? Que voulons-nous exactement ? Croyons-nous que parce qu'on y met tout notre cœur celle-ci résistera mieux aux tempêtes ? Allez donc garer votre *Ferrari* fraîchement gagnée à la loterie devant votre domicile, de nuit à la Porte St Denis, et vous verrez que même si votre amour est très très très fort, elle risque bien de disparaître. Pour maintenir notre relation en vie, ce n'est pas parce que nous y laissons notre peau et nos os que nous y arriverons. Si cette relation ne doit pas fonctionner, elle ne fonctionnera pas.

Plaçons nos désirs de relation durable sur des bases malsaines, pour aussi importante que cette relation soit à nos yeux, rien ni personne n'y fera, elle devra se terminer.

Pour garder une relation, il faut d'abord la faire évoluer sur des bonnes bases, c'est-à-dire être le plus honnêtement possible. Ne pas mentir au-delà de la phase drague, jouer franc jeu, évoluer avec sa tête et son cœur à égal. Si nous évoluons à 50/50 nous agirons de la sorte, afin de ne pas rendre chaque décision de manière émotive. Nous pourrons décider certains choix, dire certaines choses sans nous compromettre aveuglément. Agir aussi avec sa tête ce serait d'acheter cette *Ferrari* après avoir loué un garage et installé une bonne alarme, par exemple. Dans la relation ce serait de dire : *nous pourrons vivre ensemble quand j'aurai officiellement divorcé de mon ex car il est boxeur impulsif et risquerait de nous faire des problèmes, et il me considère toujours comme sa femme.*

Mais bon, il y en a plein de fous amoureux qui braveront tous les « interdits » à n'importe quel prix. Oui, à n'importe quel prix, même celui de la perdre en chemin, car dans ces phases 100% cœur nous sommes tous des adolescents cons. C'est pour cela qu'il est sage de changer notre manière de voir les choses, et d'éviter de s'emballer trop vite ou trop fort.

Kath Beaufort

S'éviter les complications inutiles

J'avais déjà démarré ce chapitre en terminant le précédent. Ceci démarre comme çà, et oui ! Les complications existent dans tous les stades de la relation. En phase montante, on fait des conneries d'adolescents, on dit des choses en trop ou on utilise beaucoup de superlatifs. Par exemple : *Je voudrais être avec toi pour le restant de mes jours*, ou encore *je ne te laisserai jamais tomber*, etc… Comme on l'a vu dans le chapitre précédent, c'est un départ qui nous emmènera probablement vers un tas de complications plus tard, quand nous aurons acquis la faculté de voir notre partenaire tel qu'il est.

D'autres complications trouvent leur origine dans le mensonge. Cela peut partir d'un tout petit, par exemple vous prenez une bière avec un copain, et en rentrant à la maison plus tard que prévu, pour vous éviter les explications, vous lui dites que vous avez travaillé un peu plus tard. Rien de grave en soi, sauf si quelqu'un vous a vu. Il est dommage de mentir, et encore plus à déplorer de le faire pour des futilités de ce genre. Si vous êtes découvert, ce n'est certes pas la fin du monde car vous pourrez lui dire ce que vous faisiez et qu'il n'y a rien de mal à cela, mais ne perdez pas ceci de vue : Il y a toujours un avantage à tirer d'un mensonge, et ne sous-estimez pas la fertilité de l'imagination de votre partenaire !

Le problème, une fois le mensonge découvert, n'est pas dans ce qu'il couvrait, mais dans ce que votre partenaire *pensera* qu'il couvrait. Alors soyez vigilants. Bien souvent, et même trop souvent, on pense qu'un petit mensonge est utile afin de préserver la bonne entente du couple, mais si votre partenaire ne peut rien entendre de la vérité et de votre besoin de prendre une bière avec un ami, alors peut-être devriez-vous reconsidérer votre couple. Je n'incite pas avec ces phrases à pousser les relations vers leur fin pour un détail, mais à vous faire comprendre que s'il n'y a pas de respect de l'autre – et ceci inclus les moments privés de l'autre – alors cette personne doit encore apprendre certaines bases avant de pouvoir se mettre en ménage, la laisser sur le champ c'est lui rendre un service !

Mais si vous voulez boire une bière (ou deux) avec votre pote Marcel, appelez Julie et dites-lui : *Cela ne t'ennuie pas si je rentre un peu plus tard ce soir, je viens de tomber sur Marcel et on a plein de trucs à se raconter*. Sans doute elle sera heureuse que vous lui demandiez son avis et ne pourra pas vous le refuser. Entre nous, si cette rencontre est fortuite et peu fréquente, et que votre compagne commence à « tirer la gueule », alors rendez-lui le « service » du paragraphe précédent.

Vous savez, si vous en arrivez à ne plus plaire à votre conjoint(e) tout en étant vous-même, toujours sincère, sans aucun mensonge,...alors ce conjoint n'est pas pour vous. Si par contre vous vous attirez des ennuis à travers vos mensonges répétés dont certains sont découverts, votre partenaire aura toutes les raisons pour terminer cette relation, et vous ne pourrez vous en prendre qu'à vous-même pour peut-être être passé(e) à côté de l'opportunité de votre vie.

Beaucoup de gens vous diront que si vous mentez à votre compagne ou compagnon, c'est à vous-même que vous mentez. Moi j'ai eu du mal à assimiler cette notion au départ, ne la comprenant pas vraiment, car le but du mensonge c'est de ne jamais être découvert, n'est-ce pas ? Mais vous savez, le jour où votre relation bat de l'aile, vous pouvez parfois être pris par un sentiment de culpabilité amplifié par la souffrance de la personne que vous aimez, alors croyez-vous qu'il soit facile dans ces circonstances de se regarder dans le miroir si vous lui avez menti tout au long du parcours ? Elle (ou lui) n'a pas découvert ces mensonges, et heureusement d'ailleurs, *mais quel chien(ne) je suis pour avoir pu lui faire cela !*

Les mensonges sont destinés à ne jamais être découverts, mais dites-vous bien messieurs que les dames sont perspicaces, et que distiller des mensonges est bien plus compliqué que l'on pourrait le croire. Au plus nous mentons et au plus nous devrons appeler notre mémoire (dans un premier temps) et puis notre logique (quand la mémoire n'en peut plus) pour nous en sortir. C'est cet esprit logique plus développé chez l'homme qui lui permet de mentir de manière plus soutenue. Mais même ainsi, cela demande un travail constant, harassant, de grande haleine pour pouvoir nous maintenir à flots. Les femmes éprouvent plus de difficultés face au mensonge, car il est à l'opposé de l'amour, et que ces sentiments sont en majorité plus intenses chez elles que chez nous. De plus, elles ont un sens logique moins développé et de ce fait il leur devient vite compliqué de les enchaîner. Une femme qui aligne plus de dix mensonges commence à se contredire, car bien qu'elle ait une mémoire plus fiable que celle de son homologue masculin, à partir d'un point cette mémoire n'est plus suffisante.

Les mensonges de la femme sont découverts par cette faute, alors que les mensonges de l'homme sont découverts par la perspicacité de sa partenaire. Ne me demandez pas comment cela se passe dans les relations homosexuelles, mais au niveau masculin ce doit être assez intéressant, à mon avis !

Tout ceci pour résumer que tout mensonge comporte une probabilité d'être découvert, et que sa découverte sera plus grave que la vérité qu'il couvrait. Donc c'est un peu comme une loterie, soit vous gagnez, soit vous perdez, mais à mon avis un mensonge découvert vous amène beaucoup plus loin que le résultat de la vérité auquel il se rapporte. Alors à vous de jouer, et n'oubliez pas que si vous mentez à l'autre vous vous mentez aussi à vous-mêmes.

Les promesses intemporelles sont aussi des sources de complications, car comme leurs noms l'indiquent, elles n'ont pas de limite dans le temps. Hors, nous le savons tous, ce que nous pensons aujourd'hui ne vaut pas forcément pour demain, par exemple : *Je voudrais que notre relation dure toute la vie*. Nous l'avons vu amplement dans ce livre, et je pense que c'est maintenant devenu clair pour nous. Ne nous engageons que sur le présent, et si nous devons le faire sur le futur ajoutons-y des précisions, par exemple : *Si notre relation continue comme ceci, je voudrais qu'elle dure toute une vie.* Ce qui implique explicitement que si quelque chose change, alors on remettra la relation en question,... et en plus, c'est vrai ! Quand nous faisons des grandes promesses *ad vitam aeternam*, nous mentons, certes involontairement dans la majeure partie des cas, mais après la lecture de ce livre nous n'aurons plus d'excuses.

Faites ce que vous aimez, ne faites pas ce que vous n'aimez pas, et si vous devez quand même le faire, faites comprendre que vous n'aimez pas ce que vous faites. Est-ce clair ? Bon, j'explique. Vous n'aimez pas aller chez vos beaux-parents mais ceux-ci sont quand même les parents de votre conjoint, donc il faudra bien y passer de temps en temps. Puisque vous ne pouvez pas y couper, alors faites de ce dimanche en belle-famille un dimanche agréable. A quoi cela sert-il de tirer la gueule ? A quoi cela servirait-il de faire semblant ? Acceptez simplement cet investissement de temps comme une preuve d'amour envers votre partenaire, si vous l'aimez bien entendu. Il est clair que si vous n'éprouvez plus d'amour envers elle ou lui, il vous sera bien difficile de passer la journée dans sa famille, et peut-être aussi devriez-vous remettre en cause la relation elle-même. Mais s'il y a de l'amour pour votre partenaire, dites-lui simplement : *Je n'aime pas beaucoup aller dans ta famille, chéri, mais c'est ta famille et tu les aimes, alors je le ferai pour toi car cela me rend heureuse de te voir heureux.* Il saura pendant toute la journée que vous faites l'effort d'être souriante et sympathique alors que vous préféreriez ne pas être là, il vous en remerciera.

Bien entendu, mes exemples s'appliquent sur des couples où il y a encore de l'amour, donc une volonté de plaire à l'autre et de continuer à s'investir. Quand les bases de l'amour – donc l'intérêt de la relation – disparaissent, il ne sert plus à rien de faire des efforts.

Faites ce que vous aimez veut tout simplement dire que vous devez continuer à faire ce qui vous tient à cœur, que ce soit hobbys, visiter vos amis, regarder votre programme favori, etc… Consacrez du temps à votre personne, à ce que vous aimez. Ce n'est pas parce que vous dédierez 110% de votre temps libre à votre partenaire que la relation s'en trouvera améliorée. Comprenez – au risque de me répéter – que pour qu'il y ait un *nous*, il faut d'abord qu'il y ait un *toi* et un *moi*. C'est quand vous vous épanouirez dans ce que vous aimez, avec les encouragements de votre partenaire, que vous pourrez lui donner le meilleur de vous-même.

Ce qui vaut pour vous, vaut aussi pour votre conjoint. Encouragez-la ou le à poursuivre ses passions, et même pourquoi ne pas aidez votre partenaire dans son épanouissement à travers ces choses qu'il aime, quand il sera avec vous, il vous donnera le meilleur de lui-même.

Évitez d'être possessifs, car c'est une manière d'agir que ne marche qu'avec les faibles dans une relation maître-soumis, et mène droit à la destruction. Bien entendu il y a des femmes qui par leur religion (mais pas toujours) ont été éduquées pour être soumises, et elles sont à la recherche d'un « maître » sans qui elles ne se sentiront pas « aimées », mais ceci est à replacer principalement dans d'autres cultures. Il y a aussi des hommes soumis qu'ils le sont par faiblesse, et à la recherche d'une femme forte qui pourra les encadrer. Les bases de la relation sont alors « hommes soumis cherche femme autoritaire, femme soumise cherche homme autoritaire », et tout le temps que ces bases seront conservées la relation pourra durer, mais ce n'est pas le propos de ce livre. Mon lectorat cible est le couple, le couple d'une seule personne (c'est quand la femme se sent seule et abandonnée dans son couple), les célibataires qui vivent mal cette expérience, et aussi le couple homosexuel, on est d'accord je crois. Mais mon livre s'adresse – vous avez pu le constater – à toute personne qui croit et applique l'égalité des sexes.

Ne pas se compliquer la vie, c'est aussi comprendre que la relation ne va pas bien, et en parler ouvertement. Le dialogue est essentiel. *Le dialogue est une communication entre plusieurs personnes visant à produire un accord.* Il est à différencier du double monologue souvent constaté. *Un Monologue est une ou plusieurs phrases* auto-adressées *à haute voix*. Le dialogue mène à l'accord, alors que le monologue à une tentative de supériorité. Comme personne n'aimerait se sentir inférieur (sauf dans les relations de maître-soumis), le monologue – même double – n'est qu'une perte de temps.

On entendra souvent dire qu'il y a un manque de communication dans un couple, *pourtant je dis ce que je pense, on parle*, rétorquera celui qui se sent directement visé. Le dialogue, la communication, ce n'est pas uniquement parler, mais aussi écouter. A propos d'écouter, Larousse décrit : *Prêter attention à ce que quelqu'un dit pour l'entendre et le comprendre.* Quand on dénonce le manque de communication dans la relation, c'est ceci qu'il faut comprendre, rien d'autre. Il est souvent évoqué que les hommes ne savent pas communiquer, c'est probablement dû à leur volonté de supériorité, ou à leur programmation (PNL) de dominant.

Pourtant, écouter ce que ressens l'autre quand nous faisons ceci ou cela nous aiderait beaucoup à progresser, et cette progression, c'est l'outil indispensable qui nous faudra avoir quand les fondations de la relations commenceront à faiblir. Apprendre sur l'autre est intéressant, la psychologie de votre partenaire – et pourquoi vous êtes en train de lire ce livre – est une chose essentielle dans la vie de tous les jours d'un couple. Car si vous aimez une personne, et que cette personne vous aime, ne serait-il pas agréable de la connaître un peu mieux afin que notre vie de couple soit plus harmonieuse ? Ne croyez pas que le simple amour suffit à s'entendre bien, ceci est seulement bon pour les phases ascensionnelles, mais une fois en haut, et que vous passerez à la stabilisation, vous verrez bien que savoir ce qui plaît ou ne plaît pas à l'autre est un gros avantage pour s'alléger la vie de couple.

J'ai été plusieurs fois en couple et les nouvelles relations ont été depuis assez longtemps mon principe de vie, mais je n'ai pas été épargné par le fait de me retrouver à chaque fois dans une union dite « normale », de vouloir changer l'autre ou d'aimer pour que l'on m'aime. J'ai souvent habité avec mes partenaires, et ceci pour des périodes entre six mois et six ans (mon record). Dans les huit relations qui pourraient être qualifiées de

« sérieuses » - bien que le mot ne m'enchante pas – je n'ai vraiment été zen dans ma vie de tous les jours qu'avec deux personnes. Pour les autres – et bien que j'éprouvais de l'amour à chaque fois et à différents degrés – la vie en couple était compliquée.

C'est pour cela que je dis qu'il ne suffit pas d'aimer pour vivre bien son couple.

Je n'ai été zen dans ces deux couples que pour des raisons essentielles assez simples,…la chance ! Et oui, j'ai eu la chance de tomber sur des personnes avec qui je m'entendais bien, on parlait la « même langue » et voyions les choses de la même manière. Aujourd'hui heureusement, je suis à nouveau en relation et zen, c'est la troisième fois. Mais détrompez-vous, cette relation zen est une *nouvelle relation*, et ceci c'est une grande première. Dans ce nouveau couple, pour la première fois de ma vie, j'y suis rentré par le premier raccourci, celui de vivre la relation tant avec la tête qu'avec le cœur, je suppose que l'âge (donc la sagesse) m'aide dans la démarche. J'ai mis de suite cartes sur table, de ce que je voulais et ne voulais pas, ce que j'attendais et n'attendais pas. J'ai placé en avant tout ce qui pourrait *nous* simplifier la vie, je n'ai rien promis d'intemporel, et j'ai été honnête depuis le premier jour. Ma sincérité, d'entrée de jeu, a été mimée.

Nous vivons maintenant une relation basée non pas sur l'amour tel qu'on le connaît, mais sur une autre forme que j'expliquerai dans le chapitre poly-amour, combiné à ce que nous nous apportons au jour-le-jour.

Il en résulte que nous ne souffrons ni de jalousie, ni de possessivité, nous vivons la relation chacun en ayant gardé notre vie d'avant. Nous ne nous sentons pas « obligé » d'appeler l'autre tous les soirs (nous ne vivons pas ensemble) pour raconter combien de fois nous avons fait pipi dans la journée. Chacun de notre côté avons notre vie, notre profession, nos amis, nos sorties, et quand nous en éprouvons l'envie, tant l'autre que moi, nous passons le week-end ensemble, dans le meilleur du monde. Je dis le week-end, mais cela pourrait être aussi la semaine si nos vies professionnelles et la distance n'agissait pas un peu contre nous. Un de nous vit en ville, l'autre à la campagne, ce qui fait que quand c'est à la ville que nous nous réunissons nous en profitons pour sortir ou aller au resto, et quand c'est à la campagne nous nous reposons, et je me régale à préparer des petits plats succulents.

Il y a peu, mon partenaire a reçu la visite de son ex – devenu après coup homosexuel selon ses dires – qui a passé la semaine dans son appartement, dormi dans le même lit, et l'a aidé au magasin. Si je reconnais que dans mon passé, une situation similaire m'aurait affecté grandement, au point de ne plus en dormir pendant la semaine entière, et de poser au moins trois mil questions pour détecter la moindre faiblesse et savoir s'ils ont couché ou non, aujourd'hui ce genre de « détail » ne m'affecte plus. La question que vous vous poserez sera à propos de mon amour, pas vrai ?

L'amour que je ressens aujourd'hui est bien différent que par le passé. Comme grande différence, on peut remarquer qu'il n'est plus exclusif, c'est-à-dire que quelque part je vis dans le poly-amour du prochain chapitre. Vivre avec cette idée, ce n'est pas combiner plusieurs partenaires, mais simplement de savoir que si je voulais je pourrais le faire. Cela me donne un sentiment de grande liberté, car en même temps je ne dois me justifier en rien, ma vie privée étant ma vie privée. Ce qui vaut pour moi vaut pour l'autre, et la visite de l'ex aurait très bien put être « célébrée », et peut être même cela s'est fait, car croyez-le ou non, je n'ai même pas posé la question. Je sais que l'ex a été aux petits soins et plein d'attentions car je n'en n'ai entendu que du bien, mais s'ils ont fait « la chose » ou pas, je ne le saurai que si on veut bien me le dire.

Alors à la question : Si je ressens de l'amour ? Je répondrai par oui, mais non exclusif. Il y a un grand respect entre nous, et le respect n'est pas de nous promettre fidélité ou de tout nous dire, sinon que de laisser la liberté à l'autre. Au final, nous nous voyons quand tous deux voulons nous voir, nous passons du temps ensemble jusqu'à ce qu'un des deux sente qu'il en a assez, alors par respect aussi, notre week-end se termine à ce moment précis. Ce que je veux par-dessus tout, c'est le bonheur de l'autre, et il se ressent quand nous nous voyons. Bien entendu ses amis ne comprennent pas sa relation avec moi – et avec mes amis je ressens la même incompréhension – mais nous ne vivons pas pour les autres, nous essayons d'expliquer, mais certainement pas de nous justifier, à chacun sa vie.

Nous vivons un bonheur absolu dans cette liberté et ce respect. Un jour je lisais un bouquin sur les couples échangistes et il était expliqué pendant tout un chapitre que ce que ces personnes ressentaient était un profond respect pour leur partenaire. Bien qu'ils aient des rapports sexuels avec d'autres personnes (consentis en couple), ils ressortaient de ce genre de soirées grandis dans leur relation. Vous allez probablement penser que c'est de « l'anamour » car si on aime on ne voudrait pas voir sa femme avec un autre, et vice-versa. C'est toute la différence entre parler vrai et adopter une attitude hypocrite. Combien d'hommes rêvent en secret d'avoir une relation sexuelle avec une autre femme ? Combien d'hommes sont passés à l'acte dans le plus grand secret et en acceptant malgré eux les dangers que l'adultère comporte ? Combien de femmes ont un jardin secret, un fantasme, un acteur fétiche avec qui elles rêveraient de partager un moment ? Malgré ces pensées « irreligieuses », nous nous en tenons à notre petite vie un peu monotone alors qu'il suffirait de ravaler sa fierté, se lancer, s'exposer un peu face à son ou sa partenaire et tout lui dire sur qui nous sommes vraiment.

Un jour en consultation, un ami thérapeute recevait un couple pour qui l'histoire ne se déroulait pas comme prévu. Ils étaient mariés depuis huit ans, avaient acheté une maison et étaient parents de deux beaux enfants. Ils s'aimaient beaucoup, mais de par leur visite, il devenait évident que quelque chose ne tournait pas rond. Mon ami les entendit ensemble pendant deux sessions, puis séparément. Il ne lui fallut pas longtemps pour comprendre que tous deux avaient perdu dans leur union leur vie de célibataire et une certaines liberté. Pas qu'ils aient subitement envie de butiner car ils adorent leur partenaire, mais bien de pouvoir s'échapper un peu de cette prison dans laquelle ils se s'étaient auto-enfermés. Une fois que le thérapeute a pu déceler le problème, il a demandé à l'homme sa réelle position sur l'adultère, et là sans grande surprise, le patient lui avoua que cela le tentait, mais qu'il ne l'avait jamais fait car il ne voudrait en rien faire du mal à sa femme.

Quand notre thérapeute posa la même question à la femme – je vous répète qu'ils étaient en consultation séparément – elle lui confessa qu'elle rêvait en secret de quelque chose, et qu'elle se surprenait d'avoir des fantasmes érotiques parfois même homosexuels sans jamais pouvoir mettre de visage sur la personne, mais que jamais elle ne le ferait car elle ne voulait faire de mal à son mari.

Hors, durant une des premières consultations, le couple et mon ami avaient évoqués la même question sur l'adultère, et ils avaient répondu en cœur « tolérance zéro », inconcevable, jamais, etc…

Par ce petit exemple nous voyons bien que nous avons un comportement – en couple ou en société – différent de qui nous sommes réellement. Ceci bien entendu peut créer des frustrations, à tel point qu'un jour l'adultère risque d'arriver, ou encore la volonté de retrouver une certaine liberté – quand les enfants seront grands – à travers le célibat. Le manque de franchise, l'orgueil ou encore les peurs avaient empêché de pouvoir parler d'un sujet sur lequel ils avaient pourtant tous deux la même opinion. Quel dommage et quelle perte de temps.

Le thérapeute les vit ensemble lors d'une dernière consultation, et il aborda le sujet sans retenue. Le début fut assez embarrassant pour le mari « déshabillé » devant sa femme, délivrant tous ses secrets intimes. Il ne laissa en aucun cas l'occasion d'envenimer le problème et enchaîna directement sur ses désirs à elle. Il conclut de suite que si cela ne s'était jamais fait ni d'un côté ni de l'autre c'était pour des raisons d'amour et surtout pour ne pas faire de mal à l'autre.

Le couple commença à se poser des questions, devant le thérapeute, et « parlèrent vrai » entre eux pour la première fois depuis longtemps. La consultation a duré beaucoup plus longtemps que prévu mais pour la bonne cause, car il semblerait que leur première conversation à ce sujet ne pouvait avoir lieu que dans un cabinet, là où tout était permis, même la vérité !

Pour terminer la petite histoire, Mon ami rencontra madame un an plus tard, et elle lui avoua que trois mois après les consultations ils on décidé d'aller faire un tour dans un club d'échange, par simple curiosité. A la seconde fois, la semaine suivante, ils ont « échangé » et cela a été pour les deux protagonistes un grand moment. Elle se sent plus que jamais amoureuse de son mari avec qui elle a retrouvé la communication qui faisait défaut. Ils ne sont pas retournés à ce club après ce soir là, mais l'option est bien présente pour quand ils en auront tous deux envie (ou besoin !). Cette expérience a renforcé leur couple, et comme Marie a réalisé une partie de ses fantasmes, elle se sent aujourd'hui beaucoup plus zen, et moins tenue par ses « obligations sociales » de couple.

Pour en revenir à notre chapitre, soyons nous-mêmes, en toutes circonstances. Affrontons nos peurs, parlons « vrai », considérons notre partenaire comme une personne adulte et notre ami(e). Attention, ce qui est vrai pour vous l'est aussi pour l'autre. Si, au moment où vous décidez à lui dire la vérité sur ce que vous ressentez vraiment au fond de vous, votre conjoint ne veut plus vous entendre et vous balance des noms d'oiseaux (ou de poissons !), alors vous aurez compris que ce partenaire n'est pas pour vous. Si vous avez une ouverture d'esprit suffisante que pour pouvoir parler avec l'autre ouvertement de qui vous êtes vraiment, et que l'autre se ferme comme une huître derrière des considérations de société, de ce qui est

« normal » ou ne l'est pas (vous !), remettant votre amour en cause, alors vous aurez vite compris que vous vous êtes trompé, que cette personne là ne vous correspond pas. Il vous reste deux choix, celui de rester, d'avaler vos frustration et de la(e) tromper,…ou alors de partir.

En tous cas, on peut vous reprocher souvent des mensonges, mais jamais la vérité. Quand vous ouvrez votre cœur pour vous montrer tel(le) que vous êtes, c'est la plus belle preuve d'amour que vous puissiez offrir à votre partenaire. Si celui ou celle-ci ne comprends pas, prend une posture agacée, outrée, c'est à vous de comprendre ce que cela veut dire. Votre partenaire vous aime pour ce que vous montrez, pas pour ce que vous êtes. J'ai déjà parlé de çà dans un chapitre précédent.

Kath Beaufort

Le Poly-amour, la solution ?

Mon grand-père né en 1910 me parlait souvent de son temps, des choses d'avant et de la difficulté de la vie en général. Il était alors fréquent de voir des familles nombreuses, dès lors que c'étaient les enfants qui assuraient la retraite. Aujourd'hui c'est la sécurité sociale, et c'est pour cela que l'on fini aussi souvent dans une maison de retraite. Les familles nombreuses d'alors - aujourd'hui considérées au-delà de trois – comptaient généralement entre huit et treize enfants, ce qui veut dire que madame était enceinte pendant dix ans de sa vie ! Bon, tout ceci pour dire qu'il était fréquent dans ces familles de voir un jour un des enfants disparaître tragiquement dans un accident. Cela se passait dans presque toutes les familles, et c'était accepté comme un des facteurs inévitables de la vie de famille nombreuse.

La disparition d'un enfant dans notre société actuelle n'est plus un facteur de la vie, accepté, mais un désastre auquel aucun n'est préparé. Au-delà de vouloir absolument trouver un responsable pour la mort de leur enfant, utilisant tribunaux et autres ressources pour je suppose pouvoir se décharger de la lourde responsabilité, les parents sont socialement tenus à certains types de démarches et d'attitudes qui les contraindra à vivre le deuil pour le restant de leurs jours, ou alors à déménager !

Ou veux-je en venir avec cela ?

A une simple conclusion. Le fait d'avoir beaucoup d'enfants permet de « minimiser », si on peut dire, l'impact de la mort de l'un d'eux, alors que dans notre société moderne à famille réduites à son strict minimum (un enfant dans beaucoup de cas), la perte de celui-ci représente la destruction de la vie de chacun des parents.

Je ne vais pas continuer plus longtemps avec ces exemples funèbres, mais en faire directement le parallèle qui nous intéresse. Au plus nous dédions l'entièreté de notre amour à une personne, et au plus nous nous exposons au désastre lors de la perte de cette personne. Par exemple, une femme qui donne tout son amour à son conjoint le fait durant la période où elle n'est pas encore maman. Une fois maman, elle partagera cet amour entre son conjoint et son enfant de manière pas toujours équitable, mais bon. J'entends déjà des voix de femmes qui se sentent attaquées par mes propos s'élever pour dire que ce n'est pas le même amour. Vous avez raison, l'un est maternel et l'autre est « passionnel ». Mais comme je vous parle d'amour en général, les deux sont inclus dans l'exemple. Où je veux en venir, c'est qu'une fois maman, la séparation avec son conjoint – si celle-ci devait survenir – ne serait plus une si grande catastrophe. Elle serait d'ailleurs probablement plus concernée par la disparition du père de son enfant que de par son mari ou conjoint (quand la répartition de l'amour est déséquilibrée !).

Mais nous allons d'abord nous centrer sur la relation sans enfants, le beau mec ou la belle nana que vous rencontrez et avec qui vous commencez une relation suivant le premier schéma. Vous en tombez tellement amoureux(se) dans la phase montante, que vous en oubliez presque toutes ces personnes (amis, famille,…) ou choses (hobbys, sports,…) que vous aimez. Si après un certain temps, et après avoir donné le meilleur de vous-même à cette seule personne, celle-ci décidait de vous quitter, ce serait pour vous la fin du monde.

Comparaison : Si vous entrez dans la relation par le premier raccourci, vous aimerez ce nouveau partenaire sans délaisser ni votre famille, ni vos amis, ni vos hobbys, ni votre sport. Si votre conjoint après un certain temps décide de vous quitter, ce sera déjà beaucoup moins grave.

La différence : Dans le premier type de relation vous ressentez un amour exclusif, et vous vous nourrissez de ce dernier, il est votre air, votre oxygène, votre vie. Dans le deuxième type, vous jouissez d'une relation mais elle n'est pas essentielle à votre vie. Votre air vous le trouvez aussi dans tout le reste. Ceci est déjà une forme de poly-amour, mais assez fréquente et banalisée à un point tel que, bien qu'elle nous aide, ne résout pas nos problèmes.

Le phénomène de poly-amour duquel je vais parler ici est en phase montante linéaire dans les pays occidentalisés, il s'agit d'aimer plusieurs personnes à la fois. On en est tous capable, comme on est tous capable d'aimer plusieurs de nos enfants en même temps. Dans la famille nombreuse du siècle dernier, une maman était capable de répartir son amour entre ses dix enfants de manière plus au moins équitable, le dernier étant souvent préféré. N'oubliez pas que l'on a tous un jour été le dernier enfant de nos parents, pour certain cela n'a pas duré longtemps, et pour d'autres comme moi, tout une vie !

Pour faire en plus clair, le poly-amour est à l'amour ce que la poly-amitié est à l'amitié. Compris ? Bon j'explique. Dans mon chapitre *les relations amicales, définition* j'explique que nous avons souvent plusieurs bons amis et que d'ailleurs on dit : *un de mes meilleurs amis*. S'il nous est possible d'avoir plusieurs « meilleurs amis », alors pourquoi ne nous est-il pas possible d'avoir plusieurs personnes à qui on donne de l'amour ? La cause se trouve dans la société, dans notre programmation, etc… Mais j'ai déjà parlé de tout cela dans un chapitre précédent.

Si nous apprenions à aimer plusieurs personnes à la fois – je ne veux pas dire d'avoir des relations sexuelles avec plusieurs, mais cela ne l'exclut pas – nous pourrions répartir notre amour entre ces personnes comme nous le faisons pour nos enfants, non ? Le poly-amour ou parfois plus communément appelé « relation libérale » - à partir du moment où c'est pratiqué par les *deux* personnes – est une manière de se protéger des renversements tout en vivant des expériences différentes. Ne confondez pas ceci avec la relation dans laquelle monsieur pense et annonce sur internet qu'il est dans une relation libérale (sans montrer sa photo bien entendu), alors que madame n'en sait rien. Les menteurs sont des menteurs, s'ils sont parfois découverts et que ceci ne remet pas en cause leur relation, c'est probablement que leur conjointe en tire toujours plus d'avantages que d'inconvénients, nous avons vu cela aussi dans un autre chapitre.

Aimer plusieurs personnes à la fois, c'est comme avoir plusieurs amis en même temps. Cela n'empêche pas de donner le meilleur de nous pendant le temps que nous partageons avec cette personne. Bien entendu, il est encore difficile au jour d'aujourd'hui, de faire accepter ce type de relation à la majorité, c'est toujours socialement banni, bien que souvent envié en secret (un peu comme les fantasmes ou les pulsions homosexuelles). Si vous êtes attiré par ce nouveau type de relation en poly-amour, le seul moyen d'y rentrer c'est de l'afficher dès la première rencontre, mais surtout de pouvoir décrire tous les avantages qu'une personne aurait en adhérant à votre « proposition ».

Il faut bien se rendre à l'évidence, dans la phase drague nous vendons un produit, nous. Pour que la personne qui est en face de nous soit intéressée par ce produit, nous devons en citer les avantages pour l'acheteur et essayer de minimiser les nôtres en même temps afin que notre « client » ne croit pas que nous soyons le seul à tirer des bénéfices de l'expérience, ce qui n'est évidemment pas le cas.

Comme avantages, je citerais, en m'adressant à l'autre personne :

- *Vous gardez votre liberté, complète, pour rencontrer une autre personne.*

- *Vous pouvez sortir à tout moment du « contrat » qui nous lie sans devoir me donner explications aucunes.*

- *Je n'attends rien de vous, mis à part des moments à nous.*

- *Nous nous voyons seulement si nous deux en avons envie.*

- *Aucune obligation, aucune interdiction.*

- *Nous pouvons décider de nous afficher en public ou non.*

- *Vous décidez ce que vous voulez afficher dans le statut de Facebook.*

- *Quand nous sommes ensembles, par le simple fait de l'avoir décidé ainsi, nous nous consacrons tout notre temps et notre énergie.*

- *Je ne vous pose pas de question sur votre emploi du temps, il est vôtre*

- *....et bien entendu, tout ce qui vaut pour vous vaut pour moi.*

C'est une proposition de simplification de la vie et des relations en général. La personne avec qui vous arrivez à cette proximité qui vous donnera la possibilité de pouvoir lui détailler les avantages a le choix d'y adhérer, de refuser, ou d'y penser. Il est évident que ceci demande une préparation et que vous ne pouvez pas lancer ceci en bloc à la première ou au premier venu. Je pense que les hommes seraient plus enclins à accepter les règles, n'y voyant au premier moment que des avantages. Une femme devrait être plus difficile à convaincre.

Attention, si vous parvenez à ce deal avec une personne, les premiers jours ou premières semaines (dépendant de la fréquence de vos rencontres) seront délicats. Il faut rester vigilants à tout moment pour ramener celui ou celle qui aurait tendance à glisser vers une relation dite « normale » dans le « contrat » qui nous lie. Quand madame demande si vous allez sortir demain, la réponse c'est : *Peut-être que oui, peut-être que non, cela ne regarde que moi.* Quand monsieur demande ce que vous avez fait hier, la réponse c'est : *Je n'ai pas envie de te raconter ce que je fais de ma vie privée.* Ces réponses paraissent dures au départ, mais elles sont importantes, afin que chacun garde en mémoire que le contrat s'applique aux deux personnes (puis aux trois, quatre, cinq,…) de manière *totalement* équitable et réciproque.

Vous pouvez décider de parler avec votre partenaire A d'une personne B avec qui vous partagez le même type de contrat, c'est à vous de voir,…mais en tous cas vous *devez* accepter que votre partenaire A ou B ait plusieurs partenaires aussi. La viabilité de ce type de relation repose essentiellement sur la non-propriété, l'absence de jalousie, l'ouverture à la communication vraie. Toute tentative de tirer les couvertures pour soi se retournera contre votre personne, vous faisant perdre les avantages du système. Car contrairement à une relation dite « normale », le mensonge ici est inutile et n'apporte aucun avantage (par exemple celui de faire ce que votre partenaire ne peut pas). Si vous utilisez le mensonge ici, vous serez très vite « remercié ».

Je suis depuis peu dans une poly-relation (et oui, pendant l'écriture d'un livre il peut s'en passer des choses !), et j'utiliserai M et P pour définir mes partenaires respectifs (j'expliquerai en fin de ce livre pourquoi je ne cite pas les prénoms – même d'emprunt – en ce qui concerne mes histoires personnelles). Au moment de l'écriture de ces lignes j'ai à peu près trois mois d'expérience dans le sujet. J'ai rencontré d'abord P et ensuite M.

Quant j'ai rencontré M, je lui ai expliqué que je ne désirais pas d'autre relation que celle du poly-amour, en expliquant tous ses avantages. M en accepta les termes et conditions puisqu'encore dans une relation pas complètement terminée avec son ex, comme souvent. Il y a des personnes pour qui l'apparition d'une nouvelle relation aide à terminer la précédente. Notre relation a bien commencé, heureux de se connaître et de partager des moments forts et intimes. On décida d'entrée de jeu de se voir un week-end sur deux, vu que l'autre week-end, M avait sa fille à la maison. Il était convenu que sa fille ne me serait pas présentée puisque je n'étais pas la représentation d'une relation dite « sérieuse » ou « normale ». Pas de problème pour moi. Il était clair que chacun de nous avait totale liberté dans sa vie, et que nous n'avions aucune obligation de raconter quoi que ce soit à l'autre.

Deux mois avant, je fis la rencontre de P avec qui j'engageai d'entrée de jeu les mêmes parlementassions, pour en arriver aux mêmes conclusions. Mon partenaire P n'était pas lié à des histoires de famille (enfants) ou d'ex, je luis fis néanmoins cette même proposition de nous voir tous les quinze jours, qui plus tard entrerait en alternance avec M.

Les semaines s'écoulèrent, et les week-end aussi. A plusieurs reprises, autant M adhérait au système sans anicroche, autant P semblait vouloir me tirer vers une relation dite « normale » avec les inconvénients que celle-ci comporte. Il m'a fallu batailler pour nous maintenir à ce qui avait été convenu, P qui était une personne très mature a compris que je ne dévierais pas de ce que nous avions décidé, mais elle ne perdait rien en essayant ! Après environ deux mois, c'est M qui a commencé à me donner du fil à retordre, me reprochant une baisse d'attention dans nos moments, hors que moi, bien franchement, j'étais resté identique depuis le premier jour. Il est vrai qu'avec M qui me parlait de son ex nous avions évoqué l'existence de P. Comme il me semblait que j'étais resté conforme à nos premières rencontres, j'en déduis que c'était son interprétation de nos moments qui avait des faiblesses et je lui en fis part lors de longs mails que nous échangions. Alors qu'elle se plaignait encore et encore des mêmes choses, à ce moment je m'en suis remis à notre « contrat », lui disant que j'étais qui j'étais, et que le choix de poursuivre ou non notre relation lui incombait. Moi j'aimais toujours nos moments et nos week-ends, mais je comprenais qu'il pouvait en être différent pour l'autre personne. Je lui dis à peu près ceci : *Si tu n'es plus bien avec moi, on arrête de se voir. Moi j'aimerais continuer car je me sens toujours bien en ta présence. Mais si pour toi c'est différent alors coupe cette relation maintenant même, mais tu ne peux me demander des choses que je ne peux te donner. Tu n'as rien à me justifier, juste me le dire. C'est toi qui vois.* M décida de continuer à me voir, et nous coulons depuis des week-ends paisibles.

Comme je l'ai raconté dans le chapitre précédent, P a reçu la visite de son ex pendant une dizaine de jour, et ils ont partagé le même lit. Je n'ai posé aucune question à ce sujet, à la présence de l'ex que je n'ai pas rencontré n'a aucunement affecté la relation que j'entretiens avec P. D'un autre côté, P ne m'a jamais demandé si je partageais le même type de relation avec une autre personne. Si la question m'était posée j'y répondrais sans aucun problème, et même avec détails si ceux-ci m'étaient demandés, mais seulement à ma discrétion.

Il est important que dans ce type de relation il n'y ait pas une personne pour laquelle vous ayez une priorité, un peu comme l'amour que vous donnez à vos enfants, à partir du moment où il y a un déséquilibre, cela devient malsain et la personne lésée en paye aussitôt les conséquences. Dans le cas de vos enfants c'est grave, si c'est dans une relation de poly-amour la personne lésée s'en va sans devoir se justifier. Car l'important dans le poly-amour, c'est que chacun y trouve son bonheur. A partir de la minute où une personne n'y trouve plus de joie, elle doit quitter directement cette relation. Pour M, par exemple, je pense que me laisser ne demanderait pas plus de trois minutes car elle me partage certainement avec d'autres (ou au moins un), pour P qui a décidé de se consacrer exclusivement à moi (choix personnel), ce serait bien évidemment plus difficile. Je ressens bien que P fait des efforts pour me plaire, et que quelque part, bien que les termes de notre contrat soient compris, inconsciemment il y a toujours une tentative de me convertir à une relation exclusive, c'est pourquoi je dois rester vigilant. Mais encore une fois, je vous parle seulement de ce que je ressens.

Bon, tout ceci pour dire qu'une personne qui a bien compris les fondements de la relation de poly-amour, et qui de son côté en applique les règles (partage son amour entre plusieurs personnes) aura beaucoup plus facile à se défaire de celle qui ne remplit plus ses attentes. Alors que la personne qui décide de mener un chemin exclusif, bien qu'acceptant les règles du poly-amour, aura plus de mal à se défaire du partenaire, puisqu'il est exclusif !

Le poly-amour, en diluant votre amour entre plusieurs acteurs, dilue la tristesse d'une séparation, et en annule la solitude, puisqu'il y a d'autres personnes dans votre cœur.

Comment me sens-je dans ce nouveau type de relation ? C'est certainement une question que ceux qui n'y sont pas se posent. Comme pour moi c'est relativement nouveau ce ne sera pas très facile à expliquer, mais je vais essayer quand même. Je me sens libre ! Libre de voir qui je veux, quand je veux, et seulement si je veux. Je me rends compte que quand je vois une personne (partenaire) je lui donne le meilleur de moi et je veux que cela continue. Ce n'est pas une obligation, et si je ne le sens pas, je ne le fais pas. Mais dans ce cas ce serait bien que cette relation se termine ! C'est ce que je fais. De plus, à chaque partenaire que je rencontre, comme c'est au minimum tous les quinze jours, on est tous les deux heureux de se voir et on a plein de choses à se raconter, c'est même la fête.

Essayez de faire la fête à chaque fois que vous voyez votre mari ou votre femme dans une relation « normale ». Vous verrez que vous êtes blasés et que les problèmes de la vie quotidienne prennent vite le dessus.

Moi, dans mes relations multiples, j'ai même remarqué que mes partenaires évitent de me parler de choses négatives, car comme on se voit si peu, il ne faut absolument pas gâcher ce moment. De mon côté je ressens exactement la même chose, et ce que je veux le plus au monde, c'est de partager des moments magiques avec qui je suis à ce moment précis. Je vais vous dire franchement : En trois mois de relation en poly-amour avec seulement deux personnes, j'en arrive déjà à vivre la même quantité de moments magiques que dans le reste de ma vie adulte, c'est pour vous dire.

Les limitations des relations en poly-amour. Et bien oui, il y en a forcément. Toute personne qui veuille fonder une famille dans le sens littéral du terme, devra se contenter d'une relation « normale » officialisée ou non. Le poly-amour n'est pas possible ou très compliqué dès lors qu'on veuille avoir une famille avec un papa, une maman, etc…

Par contre, une fois la famille obtenue et le divorce (ou rupture) prononcé, le fait d'avoir descendance n'empêche pas les relations en poly-amour, j'en veux pour preuve M. Il faudra toutefois opter pour certaines règles, comme par exemple ne pas laisser vos enfants être témoins de vos choix, à moins qu'ils ne soient arrivés à un âge de compréhension et que vous désiriez leurs faire passer un message.

La société est aussi une limitation à ce poly-amour, car elle n'y est pas préparée. L'homme sera encore et toujours un coureur de dames, et la femme sera une espèce de prostituée. Dans ce cas, il vaut mieux pour l'instant rester discret sur cette nouvelle forme de vie quand vous la pratiquez.

Facebook, utilisé par une grande majorité, affiche au public votre statut. C'est à vous de voir celui qui vous correspond le mieux, en tous cas aucun de vos partenaires ne peut vous demander de modifier quoi que ce soit. La seule chose que je peux vous suggérer, c'est de ne pas changer fréquemment ce statut, et même ne pas l'indiquer si possible. Il vaut mieux répondre à une personne curieuse que vous n'y attachez pas d'importance, point barre.

Vos parents pourraient aussi être un obstacle à votre épanouissement, car leur image du bonheur est fondée sur des valeurs du siècle dernier. Si vous leurs avez laissé la possibilité de « gouverner » votre vie, alors il vous faudra être discret(e) avec eux car il est impossible de rendre heureux tous le monde quand les valeurs ne sont pas les mêmes. Si pour vous il est important de rendre heureux vos parents suivants leurs valeurs, alors ne changez rien, continuez à essayer de trouver l'homme ou la femme de votre vie. Pendant ce temps, les années passent.

Le choix du poly-amour est toutefois réservé à une minorité qui en a bien assimilé ses règles, ses avantages et ses inconvénients. N'y rentrez pas si vous n'en acceptez qu'une partie, ou si vous êtes dépendant(e)s en amour, car vous y perdrez des plumes. On pourrait faire un parallèle entre le poly-amour aujourd'hui et le mouvement hippie des années 70 (du siècle dernier), les joints en moins. Chacun de ces mouvements est condamné par la société, la famille ou encore le milieu professionnel. Bien qu'envié, le poly-amour s'adresse aux seules personnes convaincues par ses avantages, et assez courageuses que pour pouvoir faire le premier pas. Une fois dedans depuis quelques mois, et familiarisé(e)s avec le principe, vous verrez que c'est confortable, mais ce type de vie ne s'adresse maintenant encore qu'à une petite minorité.

Bien que je sois convaincu que cette manière d'aimer est plus naturelle, moins « maladive » que celle que nous connaissons tous, elle sera dépravée par tous ceux qui en ont peur, comme l'a été toute évolution depuis des siècles et des siècles. Le but de ce livre n'est pas d'essayer de vous y convaincre, car il aurait été écrit autrement, mais de vous informer que nous allons y venir tôt ou tard, et que cette nouvelle forme d'aimer grandira au fil du temps, comme le fait l'homosexualité,...ou le divorce ! Il y a certaines choses qui sont présentes depuis des années, alors nous nous y habituons par la force des choses, et puis celles qui naissent et auxquelles nous devrons nous accoutumer dans un futur proche.

Essayer le poly-amour ne coûte rien, en sortir ne coûte rien non plus. Ce serait sympa de pouvoir dire la même chose du mariage, n'est-ce pas ? Et pourtant cette ancienne institution (parfois même démodée), réunit chaque année entre 500 et 600.000 personnes rien qu'en France, chiffre stable depuis trente ans. Comme quoi nos programmations, nos valeurs, nos habitudes sont fortement influencés par nos ancêtres, par ce qui est socialement bien vu, ou par ce qui est encore considéré aujourd'hui comme symbole de réussite.

Je laisserai tous ces prétendants au mariage s'unir comme ils le veulent sans les critiquer, et donne rendez-vous avec ce livre à la moitié d'entre eux qui dans un laps de temps compris entre un et dix ans – une fois le divorce prononcé – chercheront une autre voie plus simple et plus naturelle d'aimer.

Kath Beaufort

Et les enfants là-dedans ?

La grande majorité des couples dits « sérieux » ont un jour des enfants, heureusement, car notre civilisation courrait droit à son extinction. Nos instincts – même si les conditions économiques agissent dans le sens opposés – nous poussent à procréer, ce que nous faisons. La majorité des enfants naissent du couple marié, car celui-ci représente aujourd'hui encore la bonne ligne de conduite à suivre. D'autres sont le résultat d'une union plus libres (pacs, concubinage, etc…), et parfois même l'œuvre d'une personne (avec l'aide d'une autre pendant cinq minutes, ou moins !), c'est le cas des mères célibataires. Comme c'est un livre qui parle de couples, nous n'allons pas nous attarder à ces dernières.

Les enfants sont à ranger en tête dans une liste qui pourrait être érigée comme suit :

- Enfants

- Mariage

- Maison, propriété immobilière

- Commerce en communauté de biens

- Biens de consommations achetés en couple

- Etc…

Cette liste représente tout ce qui peut rendre plus compliqué une séparation, à commencer bien entendu par le haut Car si tous les autres points peuvent se solutionner par un nombre qui représente une quantité d'argent à payer par un (souvent l'homme) à l'autre (souvent la femme), il n'en n'est pas de même pour les enfants.

Au début de ce livre j'expliquais que le mariage – deuxième point sur cette liste – ne pouvait pas empêcher la séparation, mais bien la retarder ou la compliquer. En effet, de nos jours le mariage ne doit son existence qu'à la démocratisation du non moins célèbre divorce. Sans possibilité de divorce, il n'y aurait plus de mariage. Pourtant, quand les jeunes couples pensent se marier, ce n'est pas la notion de divorce qui leur vient en premier à la tête, mais bien la limousine, la réception, l'église, la robe blanche, et tout le tralala qui va avec. Le mariage retarde la séparation car elle la complique. En effet, au plus il y a de choses qui unissent un couple, et au plus il y aura de choses à défaire quand ce couple se séparera. Le mariage est une des étapes les plus compliquées à défaire, car en lui vient inclus les propriétés et toutes ces choses acquises en commun (quand il y avait encore de l'amour ou de l'espoir).

Le divorce est souvent plus un acte mûrit – de par sa complication – que le mariage auquel il fait référence. Car si le mariage est une procédure aisée, et heureusement qu'elle l'est, il n'en va pas de même pour le divorce. C'est grâce à cette caractéristique que l'on peut considérer ce dernier comme effet retardateur de la séparation.

Tout ce qui se trouve en dessous du mariage dans la liste se voit inclus dans la gestion du divorce (ou du patrimoine) et, quand il n'y a pas mariage, doit être traité entre les personnes, pour le meilleur et pour le pire ! On en voit couper la tondeuse ou la table de jardin en deux, ou encore être obligés de revendre le salon en cuir pour un somme misérable car aucun des deux ne veut en payer la contrepartie à l'autre.

Quand il s'agit des enfants, la séparation complète du couple n'est plus possible, ils seront toujours unis à travers leurs enfants, qu'ils le veuillent ou non. C'est pourquoi il serait à mon sens bienvenu de donner un petit cours d'éducation civique à tous les candidats parents, informant sur les conditions invisibles que renferme ce « contrat ». Mais je pense pour des raisons telles que garder les statistiques démographiques dans le vert, ces initiatives seraient malvenues !

Et les enfants là-dedans ? Et bien ils sont une grosse épine dans le pied de la majorité des couples qui se séparent. Pas au point d'être regrettés, certes, car il n'y a rien de plus fort que l'amour parental, mais ils sont souvent la base d'âpres batailles, et aussi malheureusement exploités comme moyen de pression. Hormis ces cas trop nombreux où les enfants victimes d'un divorce sont utilisés à des fins purement pécuniaires – c'est la société dans laquelle nous vivons qui veut cela – dans le meilleur des cas ils représentent l'impossibilité physique de rompre les liens avec l'énergumène que nous avons marié – et duquel nous étions amoureux(se) – sans même nous en rappeler pourquoi !

Les enfants nous unissent à vie, autant le savoir tout de suite. Et bien que nous soyons séparés de corps et d'âmes, les enfants agissent encore sous forme de trait d'union, rappelant à chaque membre du couple l'existence de l'autre. Alors quand nous en sommes au processus de création divine, il serait bon de prendre ne fusse qu'une minute de réflexion à ce sujet.

Les enfants n'empêchent pas de vivre nos nouvelles relations – c'est-à-dire celles qui naissent après la séparation du père et de la mère – comme nous le désirons. Nous pouvons très bien utiliser les anciens schémas du siècle dernier (dans ce cas je ne vois pas comment vous êtes arrivés si loin dans ce livre), utiliser les raccourcis, ou encore envisager le poly-amour. Nous pouvons aussi utiliser les enfants comme prétexte pour ne pas faire telle ou telle chose, ou ne pas emprunter tel ou tel chemin, c'est notre problème. Mais entre-nous, évitez ce genre de connerie, évitez de vous mentir à vous-même ou de chercher des moyens pour justifier les choses que vos peurs vous empêchent de faire.

Vous êtes totalement libres de choisir la forme de votre nouvelle relation, et les enfants ne sont un empêchement que lorsque vous les utilisez à telles fins.

Par exemple il est fréquent de voir sur les sites internet des femmes qui cherchent un nouveau père pour leurs enfants (trois de surcroît et en bas-âge). Il est évident que si cette particularité est mise en avant elle en rebutera plus d'un, voire une majorité. N'oubliez pas que dans la plus grande partie des cas, vos enfants ont déjà un père, et si vous mettez tout en œuvre pour qu'ils le détestent (parfois constaté), alors je comprends cette urgence de trouver un remplaçant. Si par contre vous avez des enfants et annoncez clairement que vous ne cherchez pas un nouveau père, mais simplement un amant pour vos week-ends étant seule à la maison, les prétendants se bousculeront à votre palier. Un prétendant pourrait même devenir un homme bon avec vos enfants, qui sait. Mais le chercher d'entrée de jeu vous écrème fortement le choix disponible online, car si en plus vous voulez qu'il soit beau, intéressant, honnête, attentionné, sincère, etc… etc… (qui ne sont pas des caractéristiques récurrentes chez les hommes !), alors vous vous condamnez au célibat pour le restant de vos jours.

Dans ce paragraphe je m'adresse aux femmes, car ce sont généralement elles qui ont la garde principale des enfants. Vous l'aurez compris, les rares messieurs qui se retrouvent dans cette position de « père au foyer » n'auront qu'à retourner les rôles car ceci vaut aussi pour eux.

Bon, les enfants n'empêchent rien, pour autant que vous ne les mettiez pas en avant dans vos recherches ou dans vos tentatives d'amorce de relation. Si vos enfants représentent *toute* votre vie, alors que faites-vous à la recherche d'un partenaire ? *Il faut laisser à César ce qui est à César*, phrase modifiée un peu, mais qui veut dire : Chaque chose à sa place. Ne faites pas un foin de vos enfants, ils ne sont pas les plus beaux du monde – cette notion n'existe pas – s'ils sont la prunelle de vos yeux, ils sont une charge pour toute autre personne, et même pour vous si vous aviez l'honnêteté de le reconnaître.

Rentrer dans une relation suivant les raccourcis, en ayant des enfants, ce n'est ni les mettre en avant, ni les laisser en arrière. C'est très différents de ces femmes qui lorsqu'elles tombent amoureuse d'un homme (schéma classique) « oublient » un peu leurs bambins pour vivre leur amour pleinement. Ne vous tracassez pas, quand vous vous en rendrez compte – lors de la phase adulte responsable – vous en payerez le prix. Je dirais qu'une femme ou un homme à charge d'enfants ne devrait rentrer dans une relation qu'en suivant les raccourcis, c'est-à-dire avec au moins autant de tête que de cœur. C'est d'ailleurs ce qui se passe généralement, même si les personnes le font inconsciemment, et c'est aussi pourquoi les familles reconstituées sont généralement plus fortes et plus soudées que les autres.

J'ajouterai que pour un bon équilibre dans ce genre de nouvelles relations où il y a des enfants « dans les pieds », il serait préférable que les deux composantes du nouveau couple aient chacun des enfants d'un premier mariage. Il est hélas fréquent de voir une femme avec enfants à la recherche d'un homme sans, ce qui est à mon sens une double erreur. D'un côté un homme sans enfants n'a pas vraiment idée des responsabilités parentales, ce qui créera des tensions car il ne comprendra probablement pas pourquoi vous devez être pendue à votre téléphone 24h/24, et tracassée parce que vous avez oublié de préparer les chaussures de sport pour le cours de gym du lundi,... et d'un autre côté vous aurez du mal à supporter qu'il ait du temps libre pour aller voir ses amis tendis que vous êtes à la maison occupée avec les devoirs des enfants et la lessive.

Pour donner toutes les chances à une famille reconstituée, il faut que chacun des partenaires ait des enfants de son côté. Cela permet ainsi de parler la même langue, de partager ses préoccupations, de s'aider mutuellement, d'adapter les horaires,... mais aussi de pouvoir comprendre pourquoi l'ex donne problèmes.

Les bonnes questions

Les bonnes questions qu'il faut se poser dans une relation, que ce soit au moment d'y rentrer, une fois dedans ou encore très proche de la « voie de garage », sont celles qui nous permettront de comprendre pourquoi nous sommes là, ou pourquoi nous *en* sommes là.

Il est bon de se poser des questions continuellement et tout au long de notre vie, car la réponse à ces questions nous mène vers l'évolution. Que ce soit l'évolution de notre être, de notre âme, de notre amour, ou encore de la planète, l'évolution est une chose qui – si elle n'est pas considérée à juste titre – se passera de nous. L'évolution de la société et des autres est un train, nous décidez d'y monter ou non. J'ai déjà parlé de tout cela dans un chapitre précédent, alors nous allons passer aux questions.

Mais tout d'abord, j'aimerais que vous abordiez ce chapitre avec tout le temps qu'il mérite. Ici les questions sont posées les unes à la suite des autres mais ne constituent pas une suite logique. Il y a forcément des points auxquels vous répondrez facilement, et d'autres plus compliqués. Je vous autorise à photocopier ces pages de questions, ou d'écrire les réponses dans ce livre, c'est votre livre et c'est vous qui décidez. Pour ceux qui auront acquis le format *ebook*, il y a deux manières de faire. Soit sur un photocopieur, en choisissant d'agrandir d'A5 à A4, et en jouant sur la luminosité vous obtiendrai des résultats plus qu'honorables, soit en utilisant votre scanner, en sélectionnant la taille de l'écran de votre liseuse, une résolution de 200dpi en échelle de gris. Une fois obtenu le scan, si vous voulez passez-le dans votre *Photoshop* pour recouper les bords et jouer sur le contraste pour ramener la feuille blanche (sur votre liseuse elle est grise). Fantastique quand même cet appareil qui peut être photocopié ! Essayez de faire ceci avec un *Ipad* et vous comprendrez de suite la différence !

Bien entendu vous n'êtes pas obligés de répondre aux questions, c'est votre choix. Je vous propose cet exercice pour vous connaître vous-même. Les questions doivent être répondues en toute honnêteté, comme si jamais personne n'allait les lire, ce qui est le but. Gardez-les en secret, et ne les sortez qu'au quel cas rare ou vous en arriviez à les échanger avec votre partenaire, sans que celui ou celle-ci ne l'ait fait à son tour dans le but de vous le faire lire. Il est important que les réponses soient sincères et en aucun cas une tentative de manipulation de l'autre, car dans ce cas, vous n'évoluez absolument pas, vous transcrivez simplement ce que vous faites tous les jours.

Prenez votre temps, si la réponse ne vient pas, passez à la suivante. Il se peut qu'une réponse prenne plusieurs jours à venir, c'est normal, c'est simplement que j'aurai touché un point sensible, celui qui pourrait remettre en question tout un processus dans lequel vous êtes plongé sans même vous rendre compte.

Le premier lot de question s'adresse à ceux ou celles qui sont déjà en relation, alors que le deuxième est destiné à la phase drague.

Vous êtes dans une relation, posez-vous ces
questions et répondez-y avec votre cœur.

Faut-il lutter pour ce qu'on aime, ou grâce à
l'amour les choses devraient couler sans devoir
lutter ?

Voudriez-vous que votre partenaire soit avec vous
parce que vous l'aimez, ou parce qu'il (elle) vous
aime ?

S'il faut vraiment lutter pour ce qu'on aime,
pourquoi ?

Avez-vous l'impression que votre amour est
possessif ?

Que souhaitez-vous pour votre partenaire, son bonheur, ou qu'il (elle) vous rendre heureux (se) ?

Pourquoi êtes-vous avec cette personne ?

A votre avis, pourquoi cette personne est-elle avec vous ?

Lui avez-vous déjà posé la question ?

Avez-vous l'impression de vous retrouver « piégé(e) » dans la relation ?

Si oui, qu'aimeriez-vous dire à votre partenaire pour vous sortir de ce mauvais pas ?

Vos attentes dans la relation existent-elles dans le but de compenser des déficiences en vous ?

Croyez-vous que les attentes de votre partenaire existent dans le but de compenser ses déficiences ?

Avez-vous l'impression de perdre du temps dans cette relation ?

Souhaiteriez-vous avoir une vie de couple plus simple ?

Si oui, croyez-vous que les changements doivent d'abord venir de votre partenaire, ou devez-vous vous-même les impulser ?

Ressentez-vous des pulsions internes lorsque vous croisez dans votre vie une personne physiquement ou intellectuellement intéressante ?

Jusqu'où iriez-vous avec cette personne ?

Ressentez-vous une impression de frustration quand il vous est impossible d'aller au bout de vos rêves, de vos désirs ou de vos fantasmes ?

Est-ce que cela vaut la peine de poursuivre cette relation, en tirez-vous encore autant d'avantages ?

Quels sont les avantages que vous tirez de cette relation, et quel en est le prix à payer ?

Est-ce que l'opinion des autres influence vos décisions ?

En répondant à ces questions, avez-vous essayé de justifier vos erreurs, ou avez-vous vraiment été sincère ?

Ces questions-ci sont celles qu'il serait bon vous poser quand vous venez de rencontrer une personne.

Qu'est-ce qui vous attire dans cette personne ?

Qu'est-ce qui ne vous plaît pas dans cette personne ?

Pourriez-vous supporter longtemps ses défauts ?

Cette personne compenserait-elle à elle seule le tissus social que vous vous êtes créé(e), êtes-vous prêt(e) à faire une croix sur vos avantages de célibataire afin de vous dédier exclusivement à lui (elle) ?

Que cherchez-vous dans la vie ?

Êtes-vous à la recherche d'une personne qui pourra compenser vos lacunes, remplir vos déficiences ?

Est-ce que l'opinion des autres influence vos décisions ?

En répondant à ces questions, avez-vous essayé de justifier vos erreurs, ou avez-vous vraiment été sincère ?

Ce sont des exemples des bonnes questions à vous poser avant ou pendant une relation, au début ou à la fin. La relation doit nous apporter du positif, et si elle ne le fait pas (ou plus) alors il est grand temps de la terminer. Ceci nous amène au chapitre suivant.

Kath Beaufort

Conclusions

La vie est un équilibre. Cet équilibre, on le retrouve dans l'univers, dans la nature, dans toutes les choses que l'on touche ou que l'on voit. Pas nécessairement, vous allez me dire ! Et vous avez raison, nous sommes aussi témoin – et plus souvent que l'on ne le penserait – de déséquilibres flagrants. Parfois même il suffit de ne regarder qu'aussi loin que le bout de son nez pour comprendre de quoi je veux vous parler.

L'équilibre nous apporte le bonheur, la plénitude, l'harmonie, le synchronisme, etc… Hors nous avons quasi pour habitude de vivre et de faire de notre quotidien un déséquilibre, sans même nous en rendre compte. On commencerait avec la nourriture, par exemple, où il est bon de manger salé mais pas trop, et sucré mais pas trop. Le sel et le sucre ne sont pas des additifs nécessaires à notre santé physique, et certaines habitudes alimentaires bannissent même ces « poisons » comme ils citent. Ce qu'il faudrait prendre en considération, c'est le plaisir de la bouche qui est en soi une forme de bonheur. Essayez de manger sans sucre et sans sel, et vous comprendrez. Je parle de tout cela dans mon livre *Au diable mon régime !* Ceci me fait penser à une petite histoire remplie de sagesse.

Un homme va voir son médecin et ami, et lui demande : *Si je supprime le sel et le sucre de tous mes aliments, si je supprime le sexe et le désir de mon imagination, si je supprime alcool et tabac de mon quotidien,… et que je fais cela pour le restant de mes jours, vais-je vivre plus longtemps ?* Le médecin et ami, après un temps de réflexion répondit ceci : *Je ne sais pas si tu vivras plus longtemps, mais ce dont je suis sûr, c'est que cela te semblera très long !*

Si on supprimait tout ce que vous aimez en vous donnant en échange quelques années de vie supplémentaire, accepteriez-vous ? Je pense que la vie ne se calcule pas en temps, mais en qualité. Préféreriez-vous vivre 150 ans en captivité, ou 50 ans en liberté ? Il nous est possible de répondre à ces petites questions très rapidement, alors que nous restons coincés dans une relation qui ne nous convient pas, sans nous en rendre compte.

Dans la petite histoire ci-dessus, le médecin n'est même pas sûr de ce qui pourrait être bon ou non pour la santé. Certains condamnent durement sucres et sels d'un point de vue strictement physiologique, mais en oublient un aspect oh combien important, la psychologie et le bien-être, qui pourraient s'appeler santé mentale. Le médecin a tout-à-fait raison de dire à son patient et ami que la vie lui *semblera* très longue, car une vie dépourvue de plaisirs l'est.

Dans l'équilibre de notre vie, nous devons faire attention à un tas d'éléments, mais ne vous en faites pas, un peu de pratique vous fera découvrir assez vite le bon chemin. Tout d'abord, il faut apprendre à être honnête avec soi-même, ce qui nous apportera bon sens et sérénité, mais aussi nous aidera à mettre en action ce que nous sommes en paroles ou en pensées. Je veux dire par là que nous éviterons de dire des choses dont nous savons très bien que nous sommes incapables de faire. Un exemple : Ne punissez pas votre enfant d'une semaine sans ordinateur si vous savez que vous ne tiendrez pas deux jours. Par contre, maintenez ferme une punition que vous avez prononcé. Ne dites pas à votre femme que vous l'aiderez avec ce boulot si vous n'en n'avez pas l'intention, même pour lui faire plaisir sur le moment. Que gagnerez-vous avec cela ? La cohérence ! Les gens commenceront à croire ce que vous dites, si ce n'étais pas le cas avant. Mais pour cela il faut apprendre à ne pas vous mentir.

Ne mangez ni trop salé ni trop sucré, car l'excès nuit. L'excès, quel qu'il soit, nuit ! Si vous buvez trop vous le payerez le lendemain, si vous mangez trop vous le payerez tout de suite, si vous fumez trop vous le payerez dans dix ans. Trop de sexe mène à la routine, qui vous entraînera vers l'insatisfaction, il vous en faudra encore plus pour jouir. Trop de travail vous fera passer à côté des petits plaisirs de la vie, alors que vous croyez que le fruit de votre travail vous permettra d'acquérir l'objet du plaisir, ce qui n'est pas forcément vrai. Quoi que vous achetiez, cet objet ne vous apportera de bonheur qu'un temps assez limité. (voir mon livre *Travailler moins, vivre mieux*)

Les excès nuisent non seulement à notre santé mais aussi à notre moral. Retenez cette petite phrase de mon grand-père que je mets en pratique quotidiennement.

Goûtez de tout, n'abusez de rien !

C'est aussi court que cela, mais ceci vaut pour tout. Vous êtes hommes et voulez goûter aux plaisirs de la « femme à péage », faites-le, mais n'en abusez pas. Vous voulez boire pour célébrer une réussite, buvez, mais n'abusez pas. Vous voulez faire plaisir à votre femme en apportant un bouquet de fleur, ne le faites pas tous les jours. Vous, mesdames, voulez vous faire belle pour un jour exceptionnel, ne le faites pas tous les jours non plus, car cela en perdra son caractère exceptionnel. Vous voulez épater votre mari en mettant des bougies sur la table et en préparant un bon petit plat, ne le faites pas au quotidien. Essayez d'aller à l'opéra ou au cinéma, ou encore au restaurant tous les jours (si vos finances vous le permettent), vous en serez vite blasés. En étant souvent loin de votre maison (home), vous verrez comme il est bon d'y revenir.

Vous voulez vous adonner aux joies de lu poly-amour, n'en abusez pas. Au début on aurait tendance à se laisser prendre au jeu, mais si l'exercice est fort bien agréable, vous ne voudriez pas aller jusqu'à l'écœurement.

Essayez de mettre en pratique la petite phrase sage de mon grand-père à partir de demain, soyez un peu moins extrême et un peu plus concis dans vos décisions.

Vous l'aurez remarqué tout au long de ce livre, j'ai évité de parler de moi au féminin ou au masculin. C'est pour le simple fait qu'en amour nous sommes tous égaux. Nous avons bien des caractéristiques différentes, mais une règle qui s'adresse aux hommes s'adresse aussi aux femmes, et vice-versa. Je ne voulais avoir aucun discours féministes ou machistes dans ce bouquin car trop souvent l'un ou l'autre sexe est pris à parti, suivant que l'écrivain soit homme ou femme. Vous vous serez faits une petite idée sur qui je suis par le prénom, mais n'oubliez pas que les apparences sont parfois trompeuses.

Ne croyez pas que dans ce livre je tente à pousser les couples vers la séparation pour essayer autre chose, loin de là ma pensée. Quand je dis qu'il serait bon de se séparer, c'est en référence aux couples qui sont ensembles pour des mauvaises raisons, ou qui ont même perdu de vue la raison pour laquelle ils s'étaient unis. Quand les gens sont ensemble pour d'autres motifs que l'amour, le couple n'a plus de raison d'être, on parlera alors d'un contrat entre personnes. Par exemple : Mesdames qui êtes avec un homme grâce à 10% d'amour, 40% statut et 50% de comte en banque,... réveillez-vous, vous êtes en train de passer à côté du bonheur et de votre vie, et vous n'en n'avez qu'une. Messieurs qui êtes avec madame depuis trop longtemps avec 10% d'amour, 40% de femme au foyer qui lave vos chaussettes, 50% de statut, et que vous la trompez à ne même plus savoir avec qui, vous aussi vous êtes en train de passer à côté de votre vie.

Les couples doivent encore continuer à se former, c'est une des lois de la nature, une des lois de l'attraction, une des règles de l'instinct. L'être humain à besoin de se reproduire, et pour cela il faut encore des couples. Les homosexuels ne servent pas à cette fin (désolé pour eux mais faut bien se rendre à l'évidence, ils ne savent toujours pas se reproduire !), mais ils forment aussi de beaux couples. En tous cas, eux, en affichant leur préférences, se sont attiré le regard critique de la société, mais les chemins qu'il ont parcouru leurs ont permis de se retrouver plus près de leur cœur que la majorité des hétérosexuels. Il y a plein d'hommes et femmes hétéros qui rêvent en secret de pouvoir vivre au moins une aventure homosexuelle qu'ils ne connaîtront sans doute jamais. Mais de quoi avons-nous si peur ? Nous sommes ici sur terre, un temps défini dont la fin est ponctué par la mort, les jeunes pensent qu'ils ont toute la vie devant eux et ne bougent pas beaucoup, alors que les vieux se pensent trop vieux que pour bouger, alors on meurt,... ignorants.

Je ne dis pas que tout le monde devrait avoir une aventure homosexuelle, car une partie de notre société n'en rêve pas (même en secret) mais tous ceux qui y ont pensé devrait le faire au moins une fois dans la vie. Et ainsi arrêter de dénigrer les gens de cette « espèce », comprendre un peu mieux que dans toute chose il y a du positif. Sans doute la réticence au moment de faire le pas est-elle soutenue par la peur d'y prendre goût ! Alors il nous faudrait affronter à notre tour le regard de la société dans laquelle nous étions les premiers à critiquer. Les personnes qui ne vivent pas les expériences qu'ils doivent vivre durant leur vie le regretteront tôt ou tard. Ne pas aller au bout de vos rêves et rester confortablement assis dans votre fauteuil comporte un prix à payer. Ne vous inquiétez pas, vous le payerez.

Je fais partie des personnes (99%) qui ne voudraient pas mourir maintenant, mais par contre de celles qui diraient « *que j'ai bien vécu, j'en ai fait des choses, je ne regrette rien* ». En est-il de même pour vous ? J'ajouterai que dans la vie – jusque là – je me suis bien amusé. Je ne forme décidément pas partie de ceux qui pensent que la vie est une chose sérieuse avec laquelle on ne peut pas rire.

Bref, soyez en couples, hétéro ou homo, par amour. Le jour où cette base disparaît, soit vous essayez de la sauver, soit vous partez en courant. Ne faites pas comme beaucoup, étirer l'agonie pendant des années, voire pendant le reste de votre vie. L'amour est à portée de tous, à tous les âges, et il est beau. Ne rentrez pas dans une relations pour des mauvaises raisons (*elle est franchement bonne, tu as vu ses seins - c'est un homme important et réputé*) car dans ce cas, nous ne parlons pas de relation sinon que de contrat. Chaque partie en tire profit, point. Essayez de vivre vos relations en suivant les pointillés, c'est-à-dire : ne laissez pas votre cœur vous emmener trop haut trop vite, car la chute inévitable est toujours proportionnelle à la montée. Ajoutez-y votre tête, mais n'en abusez pas. En fait, n'abusez ni de votre cœur ni de votre tête, aussi simple que cela !

Mon but avec ce livre n'est pas de faire infléchir les statistiques des mariages et divorces, car des erreurs tout le monde continuera à en commettre, c'est d'ailleurs la seule vraie manière d'apprendre. Ce bouquin s'adresse à ceux et celles qui en ont déjà commis mais ne savent pas encore comment faire pour s'en protéger. Si je pouvais, à travers cet écrit, ne sauver qu'une seule âme, il en vaudrait déjà la peine. Mais je me suis surpris à rêver qu'il pourrait en sauver plus. Ce livre est incomplet, nous en sommes tous conscients, car quand un ouvrage est complet il en devient lourd à la lecture. Les personnes qui veulent approfondir certains points pourront se référer aux pages suivantes, et piocher sans réserve dans ces beaux livres et films.

Il me reste à vous remercier de m'avoir suivi jusqu'ici, et vous souhaiter bonne chance dans vos futures relations. Ce fut un plaisir d'écrire ce livre, et j'espère qu'il a été un plaisir pour vous.

A bientôt sur les routes de France, dans un bistro sur une plage de Madagascar, ou encore dans un supermarché de Toronto.

Tout est possible dans la vie, pour qui le veut

Kath Beaufort

Je recommande

Nous sommes tous des êtres uniques, et nous le sommes grâce à nos gènes, notre programmation, et notre expérience de vie. Les possibilités sont infinies, et c'est ce qui nous rend uniques. Vous êtes proches de vos frères et sœur par les gènes et la programmation que vous avez reçu de vos parents. Vous êtes proches de vos amis par les expériences que vous avez éventuellement vécues ensemble. Vous pouvez vous rapprocher de moi et de ma manière simple de voir les choses par la lecture que nous pouvons partager, car les livres sont publics, et ne doivent leurs existence qu'aux lecteurs. Sans lecteurs il n'y aurait pas de livres. J'en ai ici une sélection, et au contraire de mes confrères, j'en ferai une brève description afin de guider vos choix.

Les livres

-   **Les hommes viennent de Mars, les femmes viennent de Vénus, de John Gray**

Ce livre explique les grandes différences entre l'homme et la femme avec des exemples pratiques de la vie quotidienne. Vous avez remarqué que je ne parle pas de ces petits trucs qui peuvent faire la différence dans mon livre, c'est parce que ce bouquin de John Gray l'explique tellement bien.

Il y a des « suites » à ce best-seller, qui contiennent tous Mars-vénus dans le titre, vous trouverez sans peine celle qui vous convient le mieux, mais elle sont à lire après celui que je vous ai conseillé, qui est la base.

-   **Le bonheur, désespérément, de André Comte-Sponville**

C'est une transcription d'une conférence-débat par le célèbre philosophe. Il explique (ou tente de le faire) ce qu'est le bonheur, et démontre avec brio que contrairement à ce que l'on croit, il ne se trouve pas dans la possession de choses.

- **Va au bout de tes rêves, d'Antoine Filissiadis**

Roman qui fera croître en vous des ailes, celles qui vous permettront d'aller au bout de vos rêves. Cet écrivain organise souvent des stages de développement personnel basés sur des techniques de Programmation Neuro-Linguistique que je vous recommande fortement. Ils donnent la possibilité à tous les participants de se connaître mieux, et ouvre leurs cœurs à un échange fluide et sain avec d'autres personnes. Le livre est une belle histoire qui sert d'introduction aux séminaires.

- **Laisse-moi te raconter les chemins de la vie, de Jorge Bucay**

Ce livre est un aller simple pour le bonheur et la simplicité, mais s'adresse à des personnes qui n'auront pas peur de relire quelques fois certains passages pour les assimiler, ou de souligner au stylo rouge les phrases importantes.

- **Dis-moi où tu as mal, je te dirai pourquoi**

- **Un corps pour me soigner, une âme pour me guérir, de Michel Odoul**

Fondateur de l'institut Français de Shiatsu, cet écrivain explique avec grande facilité tout ce qui relie notre âme et notre corps. Il explique que les maladies ne sont pas là par hasard, mais nous servent d'indicateurs sur le dysfonctionnement de notre vie ou de nos relations.

- **Métamédecine, la guérison à votre portée**

- **Je me crée une vie formidable ! Nous ne sommes pas nés pour souffrir mais pour grandir ! de Claudia Rainville**

Si vous avez aimé Michel Odoul, Claudia Rainville à mon sens va plus loin dans les explications. Ce sont des livres toujours intéressants qui font – comme les ouvrages d'Odoul – les liens entre notre tête et notre corps.

- **Surtout n'y allez pas, d'Antoine Filissiadis**

Je parle plus haut de cet auteur. Ce roman est très intéressant car il s'adresse essentiellement aux femmes dépendantes en amour, malades au point de vouloir en finir avec la vie. Il explique comment elles peuvent faire pour s'en sortir en racontant une histoire à la fois drôle, dramatique, et avec un rebondissement surprenant. Ne vous en privez pas.

- **Reconnecter son être, retour à soi-même, d'Ana Lyze.**

Ce petit livre nous invite, comme le titre l'indique, à nous reconnecter avec qui nous sommes vraiment. Grâce à cet exercice, le bonheur se trouve automatiquement à notre portée. Ce livre nous aide à vivre sans l'influence du regard des autres et de la société. Je vous le recommande.

- **Métamédecine des relations affectives, de Claudia Rainville**

Comme son nom l'indique, et par l'auteur citée plus haut, ce livre est spécialement indiqué pour vous libérer des relation passées, pour en finir avec les luttes de pouvoir qui détruisent les couples. C'est le premier livre que je conseille après la lecture de celui-ci. Claudia Rainville adresse son livre à tous ceux et celles qui souhaitent améliorer leurs relations affectives, aux autres qui ne croient plus en l'amour, ou encore à ces personnes qui ont vécu un enfance compliquée et souffert de carences affectives.

Les films

-    **La crise, de Coline Serreau** avec Vincent Lindon, patrick timsit...

Ce film explique l'histoire d'un homme un peu perdu, qui vit à côté de sa vie. Un jour sa femme s'en va, mais le monde s'écroule aussi autour de lui, preuve qu'il n'est pas le seul à avoir des problèmes. Histoire pleine de messages à voir et à revoir. Il nous aide à comprendre ce qui est vraiment important.

-    **Rencontre avec Joe Black, de Martin Brest**, avec Brad Pitt, Anthony hopkins...

Belle histoire d'amour sous fond de famille et de mort assez proche. Elle explique la différence entre l'amour vrai – celui où l'on donne – et l'amour possessif – celui où l'on prend (puisque je t'aime je te veux avec moi) – de manière assez claire. On s'émeut et on y pleure, préparez vos mouchoirs.

- **Sur la route de Madison, de Clint Eastwood,**
avec Meryll Streep et Clint Eastwood

Dans les années 60 aux états unis, une femme doit faire un choix difficile entre l'homme qu'elle aime et avec qui elle pourrait vivre une fabuleuse histoire d'amour, et son mari avec qui elle a deux enfants mais sans doute pas la vie dont elle rêvait. Certaines personnes partiraient et essaieraient cette nouvelle aventures, alors que d'autres resteraient. Ce film est un bon moyen pour apprendre à nous connaître nous-mêmes, suivant le choix que nous aurions pris à la place de Rebecca.

- **Une grande année, de Ridley Scott,** avec
Russell Crowe et Marion Cotillard

Histoire d'amour facile à suivre d'un homme d'affaires londonien au futur prometteur qui fait la rencontre d'une femme jolie et intéressante en Provence. Ce film raconte le choix difficile qu'il existe parfois entre « fortune et gloire » et l'amour simplement. Il nous permet de nous reconnecter – à condition de bien interpréter l'histoire – avec ce que nous sommes et ce qui nous rendrait vraiment heureux dans la vie.

-   **Mariages !   de Valerie Guignabodet**, avec l'Oscarisé Jean Dujardin et Mathilde Seigner

Filme culte à mon sens, qui explique de la meilleure manière qui soit que se marier est une bonne chose à condition que ce soit fait pour les bonnes raisons. Ce film utilise l'histoire de trois couples à différents stades de leur relation de mariage qui sont réunis le temps d'un mariage (du 4ème couple). Magnifiquement interprété, plein d'humour, ce film est à voir et à revoir s'il vous reste des doutes. Ne vous mariez pas, à moins que d'avoir de bonnes raisons !

-   **Love actually, de Richard Curtis**, avec Hugh Grant et Colin Firth

Gentille comédie sur le thème de l'amour universel, sans en faire aucun discernement. L'amour est autour de nous, nous sommes tous des êtres d'amour. Film divertissant, mais qui hélas pour nous n'apporte que ce message d'universalité dans l'amour.

Kath Beaufort

Making of

Ce livre a été achevé d'écrire au mois de mars 2012, dans un petit village de montagne perdu en Espagne. Les premiers jets ont été écrits environ cinq mois auparavant. Si ce n'était grâce à la lecture de *Publier sur Kindle et avec CreateSpace* de Prisca Poirier, il ne serait probablement pas encore fini à l'heure où vous le lisez. Ce livre de Prisca, acheté via ma liseuse, ma donné des ailes. J'ai confié la réalisation technique de ce livre à *Formatbook* qui m'a composé une magnifique couverture et la mise en page que vous connaissez, tout cela en un temps record.

Je pense même que la couverture fût envoyée à l'imprimerie avant même le contenu qui en était encore aux corrections et vérifications. Je voulais que la couverture soit accrocheuse, c'est pourquoi j'ai fait appel à un spécialiste en design. Il faut dire aussi que je n'ai aucune connaissance en ce domaine.

Les relations du 21ème siècle n'est pas mon premier essai, mais le premier qui arrive à l'étape de l'imprimerie, et finalement dans vos mains. En 2006 j'avais commencé un roman qui aurait dû être une brique de 650 pages appelé *Peter, l'histoire vraie*. Celui-ci ne passa jamais des 350 pages par manque d'inspiration, de temps, de confiance en moi, etc… Si je le relis maintenant, honnêtement, je n'ai pas trop envie de le terminer.

Le deuxième essai est un autre roman qui s'intitule *Appelez-moi Moore, Larry Moore*, qui devrait sortir dans le courant de l'année 2012,

Ces deux romans ont quelques points en commun, c'est que je les ai commencé avec le cœur, seulement avec le cœur. Cela donne des pages qui s'enfilent à la vitesse de l'éclair, mais qui soudain débouchent sur un grand vide. Il m'aura fallu deux ans pour pouvoir reprendre mon courage à deux mains et terminer cette histoire de Larry. Pour toutes choses que vous puissiez entreprendre dans la vie – relations comprises – si vous démarrez avec trop de cœur, vous vous retrouverez facilement dans une impasse.

Enfin, le livre que vous avez entre les mains a été démarré avec la tête, et c'est la première fois que cela m'arrive. Qu'est-ce que ceci veut dire ? Et bien qu'avant l'écriture du premier jet, j'avais déjà les chapitres bien définis, et la notion de longueur ancrée. Quand vous avez cette structure de livre établie, il ne vous suffit plus que de suivre vos chapitres et surtout ne pas trop vous égarer sous peine d'arriver à 500 pages de blablas inutiles. Ce qui n'avait pas été défini au départ, c'était le temps qu'allait prendre l'écriture, et c'est à ce moment précis que le livre de Prisca Poirier m'est apparu. Je savais que j'étais au ¾ de l'écriture, mais ce dernier quart pourrait me prendre des mois, voire ne jamais se terminer. Grâce à son livre je me suis mis une date. Je savais que je pouvais travailler entre deux et cinq heures par jour. Deux heures c'est en pleine concentration, et cinq heures devient un travail harassant qui ne donne pas envie de poursuivre le lendemain. C'est pourquoi je me suis fixé entre deux et trois heures de travail journalier, et une publication dans les trois semaines suivantes.

J'ai composé ce livre sur un portable – pour le simple fait que le ventilateur intérieur fait moins de bruit, à l'aide de *Open Office*. La mise en page a de suite été soignée, connaissant le format de mon livre à l'avance et sachant quelle serait la taille des marges. Le reste a été retouché et contrôlé par *Formatbook* afin d'éviter les erreurs de débutants. L'avantage de calibrer ses pages à l'avance c'est de savoir de manière plus ou moins précise à combien de pages nous en sommes.

Entre écrivains, il y a un langage commun et international en ce qui concerne la grosseur d'un livre, représenté en nombre de mots. J'en suis exactement maintenant à 45.230, quand on considère que suivant ma mise en page on en place approximativement deux-cents par page, le calcul est vite fait. Tout cela pour dire qu'il est bien entendu possible d'écrire son livre sur le format standard par défaut A4, et que le nombre de mots divisé par 200 vous donnera le nombre de pages de votre livre fini, s'il est écrit en format 11, sur une page de 5x8 pouces avec des marges de deux centimètres. Voilà.

La couverture, comme je l'ai dit précédemment, a été confiée à *Steve Scaillet* de *Formatbook*. Après une heure d'entretien basé sur le contenu de mon livre, il a sélectionné une quinzaine de photos. Toutes ces photos me plaisaient mais plusieurs évoquaient des vacances (couples s'embrassant sur un coucher de soleil), ou un aspect trop romantique. J'ai choisi cette photo un peu érotique car elle me plaisait beaucoup et on n'y montrait pas de visages. Elle fût transformée (couleurs, contraste, netteté) suivant les goûts du graphiste, et je dois dire que le résultat est au-delà de mes espérances. Pour la photo arrière, qui se voit peu, ce sont deux mains amoureuses qui se tiennent par le petit doigt (j'explique pour ceux qui ont la version *ebook* qui ne donne pas accès au dos du livre), mais qui en même temps ont les poignets menottés. C'est une très belle représentation de la relation telle qu'elle est vécue dans la majorité des cas « *je veux être avec toi mais ceci m'empêche d'être moi* ».

Au moment où je corrige ces dernières lignes juste avant la publication, plusieurs choses se sont passées dans ma relation de poly-amour, et il me semble important de vous en faire part. M a enfin trouvé la relation stable qu'elle recherchait et ne regrette pas les bons moments que l'on a passé ensemble. Quant à P, nos rendez-vous se sont espacés au point de me demander si nous allons continuer à nous voir, décision qu'elle a prise semble-t-il pour se protéger de ses sentiments.

Dans ce livre, j'ai peu parlé de la culpabilité qui fait que l'on reste ensemble trop longtemps, de l'attachement qui traduit un amour possessif et non universel, ou de ces couples qui se séparent puis reviennent ensemble. C'est volontaire, car ces sujets pourraient faire un autre livre à eux seuls, et séparément. Alors peut-être que je me lancerai un jour dans l'écriture sur ces thèmes là, peut-être pas.

Qui sait ce qu'il peut se passer demain ?

En 2012, la paranoïa de certains se concentre sur le prochain solstice d'hiver, le 21 décembre. Sur internet, quelques milliers de pages en parlent, et quelques centaines de prédictions en tous genres sont avancées. Il va de soi qu'une seulement sera dans le vrai – qui peut aussi être « aucun changement » – et toutes les autres hypothèses tomberont à l'eau. Ce que je veux signaler ici, c'est que même la veille de ce fameux chamboulement, personne ne saura ce qui se passera le lendemain. Alors, suivant ce principe, comment pourriez-vous connaître votre ligne de destin ? D'une femme fidèle vous pourriez passer à adorer le poly-amour, d'un hétéro convaincu vous pourriez passer à être gay. Et ceci, en 2012 ou une autre année, et pourquoi pas demain ? Qui sait ? Je terminerai par une citation de Jean Gabin :

Maintenant je sais, je sais qu'on ne sait jamais !

A bientôt.

Du même auteur

L'argent fait-il le bonheur ? Nous le pensons souvent, mais alors pourquoi les fortunés ne sont-ils pas plus heureux ? L'argent ne représenterait-il pas le bonheur de ceux qui n'en n'ont pas ? Mais si dès que vous en avez, vous n'êtes toujours pas satisfaits et en désirez plus, le bonheur deviendrait alors comme la carotte qui fait avancer l'âne.

Nous vivons dans une société avide qui nous pousse à consommer plus tous les jours. Pour ce faire nous avons besoin de toujours plus d'argent, mais le temps nous manque, nous sommes fatigués, épuisés, voire déprimés.

A travers l'histoire de Marc, Geneviève et de leurs enfants, une famille ordinaire criblée de dettes comme beaucoup, vous allez comprendre aisément que le bonheur est à votre portée.

Ce livre vous apprendra pas à pas comment vivre mieux en travaillant moins. Il vous expliquera par où commencer et comment enchaîner des recettes qui marchent, sans aucunes prises de risques. Tout est expliqué, exemples à la clé. Bienvenue au bonheur, simplement.

Trente ans de diètes enchaînées les unes aux autres, et nous nous battons toujours pour nous libérer de ces quelques kilos qui nous dérangent. Rien de plus frustrant. Quand enfin nous avons trouvé une recette qui marche, que nous l'avons appliqué à la lettre, résultats prouvés, à la moindre petite faiblesse nous reprenons les kilos si difficilement perdus. Notre vie est-elle une condamnation à perpétuité aux régimes sous peine de ne pas nous plaire physiquement ? Faut-il apprendre de mémoire toutes ces tables compliquées de propriétés des aliments ? Faudra-t-il durant toute notre vie regarder les étiquettes des aliments que l'on achète ?

Ce livre vous aidera à trouver notre équilibre, facilement. Tellement évident qu'il vous permettra de mettre au placard toutes ces revues qui proposent des recettes miracle qui ne marchent jamais. Adieu listes de vitamines, protéines, fibres, graisses, oligoéléments. Apprenons simplement à écouter notre corps nous dire ce dont il a besoin, à chaque moment. Récupérons définitivement le poids pour lequel notre corps a été bâti, et au diable notre régime !

Nous vivons dans une société toujours plus avide, il nous faut travailler plus pour gagner moins. En plus nous sommes mitraillés d'impôts, criblés de dettes, et tout cela pour mener une vie à peine décente. Depuis des années nous rêvons de pouvoir nous en sortir, de gagner à la loterie, de faire l'affaire du siècle,... mais notre vie s'écoule inexorablement et rien ne change. Notre routine s'installe et nos rêves d'enfants disparaissent petit à petit.

L'herbe du voisin est-elle plus verte ? Est-il plus facile de vivre autre part ? Comment faire pour partir définitivement ?

Ce livre redonnera espoir à tous ceux qui ont encore une flamme qui brûle à l'intérieur. Partir vivre ailleurs est à notre portée, si c'est ce que l'on désire. Avec des petits exemples, ce bouquin vous donnera les ailes d'aventuriers et vous aidera à déménager à 1,000 ou à 10,000 km de la grisaille du quotidien. D'une jungle profonde à une plage désertique, vous allez pouvoir claquer la porte de ce pays qui n'est plus fait pour vous, et pouvoir enfin vivre la vie dont vous rêvez.

Il est probable que lors de la lecture de ce livre, vous ayez trouvé quelques fautes d'orthographe, de grammaire ou de syntaxe. Ceci est dû au fait que je veux corriger les livres moi-même dans le but d'en conserver leur essence. Pour moi, le contenu – comprenez l'histoire expliquée – est plus important que la mise en forme. Je voudrais vous présenter ici toutes mes excuses pour ces fautes.

Ps : Si par hasard vous passez par Amazon après la lecture de ce livre et qu'il vous a plu, n'hésitez pas à ajouter un commentaire. Ceci me remplira de bonheur, au plus il y aura « d'étoiles » et au plus vous attirerez mon attention, car j'ai l'habitude de lire les critiques, surtout si elles sont constructives.

Pour ceux ou celles qui aimeraient traduire ce livre, s'il vous plaît contactez directement mon éditeur à ce mail : formatbook@gmail.com

www.ingramcontent.com/pod-product-compliance
Lightning Source LLC
Chambersburg PA
CBHW061343280526
45784CB00001B/118